# ULTRA MODELING WORLD

**はじめに。**

これはド直球の面白さだ!!

　なんでもそうなんですけど、イケてるものは感じるもんです。そして、びっくりするくらいはっきり分かります。言葉を尽くして相手に面白さを伝えようとしてもそれは無理。面白さは大量の言葉の中にはありません。大量の言葉を尽くして面白さを伝えなければならないものは、ダメってことです。

　今回の企画ですが、一枚の写真を見た時にスタートしました。僕の仕上げたガレージキットを、ネットの向こうにいる誰かさんが実景と合成した。それがすべての始まりです。くどくどした説明もなく、奇妙キテレツな構成でもない。誰が見ても分かるもの。そう、ド直球の面白さが飛んできたワケです。

　子供の頃はそれこそ沢山ありました。ペギラ対ウルトラマンやゴメス対ジラース、シリーズの枠を越えた夢の対決。パゴスとガボラ、激突すれば果たしてどっちが強いのか、いろいろと空想しました。金城哲夫氏が描いた火星での宇宙人会議。それはいったいどんな様子だったのか。たまらなくワクワクしたものです。成長してくるにつれ、いろんなムックを読んで知識が広がります。「小さな英雄」の準備稿でジェロニモンが復活させたのは、実はレッドキングとゴモラだったということも知りました。

　かつては画でしか見れなかったもの。空想の中で遊ぶしか出来なかったもの。知識として補完するしかなかったもの。これらをすべてリアルな形にしてみよう。Q、マン、セブンだけでなく、新マンやエース、ティガまでそれを広げ、まったく新たな世界を現出してみせる。いつしかそれがこの本のテーマとなりました。

　楽しみ方は皆さんにお任せいたします。懐かしむのもあり、面白がるのもあり。もっとこんなものが見たいという思いで、自分でチャレンジしてみるのももちろんありです。

　かつてウルトラが僕等の想像力を広げてくれました。今度は僕等がそれを受け継ぎ、後世へと広げて参りましょう。

　すべては自由です。

小森 陽一

# CONTENTS

## ウルトラQ　004
- 古代怪獣 ゴメス　006
- 原始怪鳥 リトラ　008
- 冷凍怪獣 ペギラ　010
- 隕石怪獣 ガラモン　012
- コイン怪獣 カネゴン　014
- 地底怪獣 パゴス　016
- 誘拐怪人 ケムール人　018

## ウルトラマン　020
- ウルトラマン（Aタイプ）　022
- 宇宙怪獣 ベムラー　024
- 宇宙忍者 バルタン星人　026
- 海底原人 ラゴン　028
- 髑髏怪獣 レッドキング　030
- ウラン怪獣 ガボラ　032
- 襟巻怪獣 ジラース　034
- 汐吹き怪獣 ガマクジラ　036
- 宇宙忍者 バルタン星人二代目　038
- 青色発泡怪獣 アボラス　040
- 赤色火焔怪獣 バニラ　042
- 古代怪獣 ゴモラ　044
- 黄金怪獣 ゴルドン　046
- 伝説怪獣 ウー　048
- 変身怪獣 ザラガス　050
- 怪獣酋長 ジェロニモン　052

## ウルトラセブン　054
- ウルトラセブン　056
- カプセル怪獣 ウインダム　058
- カプセル怪獣 ミクラス　060
- 生物X ワイアール星人　062
- 反重力宇宙人 ゴドラ星人　064
- 幻覚宇宙人 メトロン星人　066
- 宇宙竜 ナース　068
- 核怪獣 ギラドラス　070
- 凍結怪獣 ガンダー　072
- 再生怪獣 ギエロン星獣　074
- 分身宇宙人 ガッツ星人　076

## 帰ってきたウルトラマン　078
- 帰ってきたウルトラマン　080
- ヘドロ怪獣 ザザーン　082
- 地底怪獣 デットン　084
- 地底怪獣 グドン　086
- 古代怪獣 ツインテール　088
- 始祖怪鳥 テロチルス　090
- 電波怪獣 ビーコン　092
- 昆虫怪獣 ノコギリン　094
- 人魂怪獣 フェミゴン　096

## ウルトラマンエース　098
- ウルトラマンエース　100
- 一角超獣 バキシム　102
- 怪魚超獣 ガラン　104
- 大蟻超獣 アリブンタ　106
- 変身超獣 ブロッケン　108
- 殺し屋超獣 バラバ　110

## ウルトラマンティガ　112
- ウルトラマンティガ（マルチ）　114
- 超古代怪獣 ゴルザ　116
- 超古代竜 メルバ　118
- 岩石怪獣 ガクマ（β）　120
- 悪賀宇宙人 レギュラン星人　122
- 深海怪獣 レイロンス　124
- 強酸怪獣 リトマルス　126

## ウルトラモデリングワールドガレージキットアーカイブ　128

## 座談会「ウルトラモデリングワールド」をつくった男たち　133

## 『ウルトラQ』1966年1月2日〜7月3日（28回）

　時は1966年、日本は高度経済成長期。娯楽の王様だった映画は黄金期を折り返し、皇太子成婚とオリンピックの報道でテレビの時代がやってきました。お茶の間へ怪獣が登場したのはそんな時です。日本中の子どもが日曜の夜7時を楽しみにしました。40代以上には懐かしい、あの「タケダ・タケダ・タケダ〜」のCM。すぐあと、怪しい模様と文字の逆回転、『ウルトラQ』！
物語はいきなり始まります。「これからの30分、あなたの目はあなたの心を離れて、この不思議な時間の中へ入っていくのです」。石坂浩二のナレーションは魔法の呪文のようにわれわれを惹きつけました。『ウルトラQ』は半世紀に亘ったウルトラマンシリーズの原点です。東宝映画でSFや怪獣、ファンタジー、戦記物などの特撮パートを任されていた円谷英二が監修する、テレビ史上もっとも豪華な特撮番組でした。監督も、本多猪四郎の右腕だった梶田興治、黒澤組経験の野長瀬三摩地が東宝から出向。加えてTBSの演出陣、中川晴之助、円谷一、飯島敏宏が参画。中川、円谷は、芸術祭で受賞作品がありました。その個性豊かな28本は監督と脚本家の作家性が強く、どれも甲乙をつけがたい名作揃い。東宝の資本が入った当時の円谷特技プロは映画の人材、機材、そしてミニチュアや怪獣などの資財を自在に扱えます。TBSの英断で通常のドラマの3倍の予算をかけながら、それでも特撮は金がかかる。苦肉の策でゴメスはゴジラ、リトラはラドンの流用だったことも、ファンには嬉しい舞台裏でした。『ウルトラQ』の特撮は、第2クール（製作14話から）から美術が強化されます。すなわち、成田亨のデザインと高山良策の造形です。この2人の才能がのちに続くウルトラ怪獣の基礎を生み出しました。ペギラ、ガラモン、ケムール人、ラゴン、M1号…。
グロテスクなものは売れないと謂われながら、玩具とソフビ、プラモデルが発売されました。子どもの垂涎の的になりました。以来、何度も商品化されます。怪獣のガレージキットの原点もまた同じ半世紀を遡ることになるのです。才能と技術が生んだ撮影用の怪獣、商人と職人が生んだオモチャの怪獣、そしてファンが想いとセンスで生んだガレージキットの怪獣。これらの同軸にぼくたちの憧れが存在し、これからも続きます。「ここは、すべてのバランスが崩れたおそるべき世界」。モノクロームの「ウルトラQ」が、いま色鮮やかに甦ります。

ウルトラQ 古代怪獣 ゴメス

# GOMESS
## 伝説の幕開け

**DATA**
登場話／第1話『ゴメスを倒せ！』
発売元／痛快娯楽劇場
全長／400mm
重量／2600g
全パーツ数／19点＋塩ビ2点
材質／ウレタン樹脂
付属品／なし
原型製作／橋本 智

　以前、知り合いのミュージシャンからこんな話を聞いたことがある。アルバムを作る時、様々な曲を並べては順序を入れ替えるのだそうだ。作り手の思いが受け手にきちんと届くよう、何度も何度も考える。その過程で気に入った曲を外すことだってあるのだという。そうして一つの作品が完成する。並べ替えられ、削ぎ落され、磨き上げられたアルバムは、いつまでも人の心を打ってやまない。『ウルトラQ』もまた、そうして作られた作品だ。放送前にすべての作品は撮り終えられており、何度も放映順を並べ替え、時には折角撮った作品を削ぎ落とした。制作された順に追っていくと、「ゴメスを倒せ！」は12番目に当たる。なのに、放映第1話に決まった経緯は、ウルトラQを本格テレビ怪獣映画として大々的に世に知らしめる為である。かくしてこの試みは成功する。その後、連綿と語り継がれていくウルトラマンシリーズはこうやってスタートしたのだ。

　我々の前に最初に姿を現したウルトラ怪獣がゴメスである。ゴメスはご存知の通り、世界にその名を知られた怪獣王ゴジラの改造だ。特徴的な背びれを覆い隠す為に甲羅を取り付け、シルエットを変える為に鱗や胸当て、モグラのような手には鉤爪を付け、顔の印象を別物にする為に角や牙を生やし、眉毛を植えた。こう書くとなんかもうメチャクチャである。だが、不思議とこれが様になっている。ゴジラではなくゴメスになっているのだ。痛快娯楽劇場の橋本智氏が満を持してゴメスとリトラを放った。ゴメスは全高40cmという大型キットとして。橋本氏が完璧にゴメスを表現する為には、これだけのサイズが必要だったのだろう。当然、キットは大絶賛で迎えられた。塗装を施したkaz氏もそんな一人である。いつものリサーチは当然のことながら、アクリルを使って二重構造にすることで、ゴメスの目に説得力を生み出した橋本氏の英断に大きなエールを送っている。kaz氏のホームページにある「古株の造形師でありながら橋本さんはまだまだ進化を続けているのです」という一文など、若手への檄とも受け取れる。

　ゴメスの写真はすべてオーソドックスに作った。対決はヒーローとではなくあえて戦車だ。そして、モデリングワールドならではのワンダーランド対決。ゴメス対ジラースである。この本を手に取ったマニア諸兄なら、黄色い背びれを見た瞬間、ゴジラではなくジラースだということを見破られたに違いない。

ウルトラQ　原始怪鳥 リトラ

# LITRA
## その仕草に面影あり

　ゴメスがゴジラの改造なら、リトラはラドンの改造である。なんとまぁ贅沢な改造なのであろうか。東宝怪獣映画の二枚看板であるゴジラとラドンをベースにできるなんて、円谷プロ以外のプロダクションでは絶対に考えられないことである。「特撮の神様」円谷英二が視聴者を存分に意識して、懸命に惹き付ける仕掛けを作った証だ。……と言えなくもないが、実情は予算だろう。膨らみ続ける予算を前に新規ではなく改造で凌ぐ。だが、ただの改造ではなく、ゴジラとラドンの改造だ。こんなことをよくぞ東宝も承知したものである。形振り構わず。それほどまでに円谷英二は『ウルトラQ』に賭けていたのだろう。やがてその熱意は記録的な高視聴率という形で現れる。この流れは怪獣の活躍の場をスクリーンからブラウン管へと移行させていく。再び怪獣の姿を見に人々が劇場へと殺到するのは半世紀後、『シン・ゴジラ』まで待たなければならない。

　リトラのキットもゴメスと同様、橋本智氏が原型を務めている。岩場に留まったリトラの図。大きさはベース込みで20cmとゴメスの丁度半分だ。その辺りのバランスも同じ原型師だからこそやれたことだと思う。さなぎから生まれたリトラはベースにもなっている近くの岩の上に留まってぼんやりと羽を休める。周囲の焦燥もリトラにはまったく関係ないようで、時折首を傾げながら、丸い目を閉じたり開けたりするばかりである。そんなリトラの仕草からはラドンの面影が見て取れる。空の大怪獣ラドンもまた、意外に可愛い目をパチパチさせて首を傾げるシーンがあった。このような表情は着ぐるみに直接手を入れて、操演（マペット）という手法が取られている。橋本氏は以前よりマペットなど可愛いものが好きだと公言されており、これまでにも様々なものをキット化している。よってリトラもそつなく完璧に仕上げられているのは言うまでもない。ただ、塗装したkaz氏によれば、ゴメスよりもリトラの方が大変だったそうである。特にリトラの全身を覆う鱗。背中の鱗には縁取りがあるそうで、一枚一枚手描きで仕上げられている。このことは山口氏が作った合成写真を見れば一目瞭然である。まさに脅威の拘りといえる。さて、その合成写真だが、劇中よりも激しく、カラーであることを最大限に活かして、ゴメスとリトラの戦闘シーンを再現してみた。両者の咆哮や地面を蹴る音、羽ばたきなどが聞こえてくるようであれば嬉しい。夜のリトラは僕のリクエストだ。太陽の下ではなく月明かりに照らされたリトラを見たくてお願いした。より神秘的な雰囲気がするのは僕だけだろうか。

### DATA
登場話／第1話『ゴメスを倒せ!』
発売元／痛快娯楽劇場
全長／200mm（ベース込み）
重量／650g（ベース込み）
全パーツ数／7点＋ベース2点
材質／ウレタン樹脂
付属品／なし
原型製作／橋本 智

ウルトラQ　冷凍怪獣 ペギラ

# PEGUILA

## チャームポイントはスリーピングアイ

　すべてはここから始まったといっても過言ではないだろう。成田・高山コンビが放ったウルトラ怪獣第一号、それがペギラだ。特徴は実にシンプル。羽と牙と角、それだけ。なのに強烈な印象を与えているのは、間違いなくあの目のせいだと思う。スリーピングアイ。半開きの目は気だるくもあり、物憂げでもあり、実にセクシーだ。それがひとたび怒るやいなや、クワッと見開かれて睨まれる。この瞬間が実にカッコいい。世の大人子供がまだほんとの子供だった頃、この目にノックアウトされて今に至る。考えて見れば『ウルトラQ』が放送されて半世紀だ。50年だ。しかし、いまだにペギラに勝る眠たげな目をした魅力的な怪獣は誕生していない。成田・高山コンビ、恐るべし。

　ペギラのキットはマーメイド作。80年代中頃に放たれたペギラのキットは、今もって名作の誉が高い。その証拠に十年以上の時を経てソフビ版が出たほどだ。ファンの熱いエールがそうさせたのだろう。原型は大石透氏。多摩美大在学中にマーメイドを立ち上げ、パゴスやラゴンなどを連作した。ちょっと右に傾いた姿勢、どっしりと安定感のある造形、そしてペギラ特有の半眼。当たり前だが抜群の存在感を漂わせている。しかし、なんせガレージキット初期のキットだ。キットの表面は軽石を思わせるじゃなく、本当に軽石と見紛うくらい全面ボッコボコ。そこら中に大・中・小のクレーターだらけ。しかも歯は欠け、爪は潰れ、経年劣化なのか、やっぱりパーツの噛み合わせも最悪だ。とはいえ、文句を垂れても状況は好転しない。ガレキを趣味に持つ者はこれも艱難辛苦としてありがたく頂戴してなくてはならない。

　ペギラの合成写真は美しいものになった。寒いと空気が澄んでいるからそれもひと役買ってるのかもしれない。合成の山口氏曰く、一緒に写っている犬はタロではなくジロだそうだ。なんでジロにしたのかは分からないが、ご本人の独特のこだわりがそうさせたのだろう。ウルトラマンとの戦いはこの本の一つのテーマだ。かつては小松崎茂や梶田達二らが筆を振るい、Q、マン、セブンのみならず、東宝・大映、東映などの作品までも飲み込んで、作品の垣根を越えた激闘が描かれていた。その画に心を昂ぶらせていた者は沢山いた。だからこそ、あの頃画で表現されていたものをキットと実景で再現してみようと思い立ったわけだ。ここにある写真を見て懐かしいと感じていただいたり、あの頃のワクワク感が甦ってきたのなら、嬉しいことこの上ない。

### DATA

登場話／第5話『ペギラが来た!』第14話『東京氷河期』
発売元／MERMAID 円谷コレクション No.2
全長／300mm　重量／1400g　パーツ数／10点　付属品／なし
材質／ウレタン樹脂　原型師／大石 透

ウルトラQ　隕石怪獣 ガラモン

# GARAMON
## そのワンピースが重要だ

**DATA**
登場話／第13話『ガラダマ』 第16話『ガラモンの逆襲』
発売元／ボークス オリエントヒーローシリーズ No.33
全高／295mm　重量／1200g
全パーツ数／8点　材質／ウレタン樹脂　付属品／鱗パーツ
原型製作／大石 武司

　名獣である。誰もがそのことに異論は挟まないだろう。ウルトラマンがそうであるように、ガラモンもまた二つとない存在だ。何をしたいのか、どこを見ているか分からない。ただ、両腕をダラリと前に倒し、ガシャガシャと奇怪な金属音を響かせて、あっちへ数歩、立ち止まっては口をパクパクさせたかと思うと、今度はこっちへ数歩……。初めて動くガラモンを見た時は、ユーモラスな外見に似合わず恐ろしさを感じてしまったものだ。得体の知れない存在。これぞまさに『怪しい獣』。そしてこれがウルトラQという作品の大きな魅力である。ガラモンは名獣であるがゆえ、これまでに幾人もの原型師が立体化に挑戦してきた。だが、今この時を以てしてもこれ以上の作品は無いように思う。ボークスオリエントヒーローシリーズの一つ、大石武司氏が放ったガラモンだ。似てる似てないなどという次元の話ではない。生で見た時の存在感たるや半端ない。なんというか……とにかく圧倒的なのだ。発売されてから二十数年経つという古い作品であるにも関わらず、今でも高値で取引されるのは、大石ガラモンが放つ問答無用のオーラにあると思われる。

　今から数年前、念願叶ってようやくガラモンを手にすることができた。あまりの喜びに他のものを全部ほっぽり出し、すぐに仮組みをスタートさせた。ミスのないよう穴が開くほどインストを眺めながら、頭と背中の鱗をガイドに従って取りつけていく。数時間後、目の前にはがっしりと丸身を帯びたガラモンが現れた。完璧だ、これでヨシ……の筈だったが、よく見ると鱗が一枚余っているではないか。はっきりいってメチャクチャうろたえた。取りつけは完璧だった筈だ。隙間もびっしりと埋まっている。なのにどうして……。理由が分からぬまま、いや、理由がはっきりするまで、その鱗は仮組みしたガラモンの足元に置いておくことにした。やがて、唐突に答えが見つかった。それは宝塚にあった。kaz氏と初めて対面した時、塗装されたガラモンを目の当たりに溜息をつきながら、僕は一つの質問をした。「鱗が一枚、余りませんでしたか？」kaz氏は驚きに満ちた表情で僕を見つめて答えた。「そうなんですよ!」どうやらkaz氏もまた、一枚残った鱗にうろたえたらしい。このことが僕とkaz氏の距離を一気に縮めたのは言うまでもない。

　大石ガラモンをkaz氏が塗装し、山口氏が甦らせた。どのカットを見てもオーラを感じて貰えると思う。中でもマーブル模様のガラモンは最高だ。『ウルトラQ』の空気感をガレージキットで表現した傑作ショットではないだろうか。まだまだ面白い試みが出来るとはっきり教えてくれた一枚である。

ウルトラQ　コイン怪獣 カネゴン

# KANEGON

## カネゴンの孤独

　どんな作品を創る際にも、キモになる部分がある。それは作品全体の背骨を成すものであり、道標でもあり、顔でもある。ある日、合成担当の山口氏から廃校のような場所でひっそりと佇むカネゴンの写真が届いた。その写真を見た瞬間、ビビッと身体に電気が走った。あぁ、これだ、これが見たかったんだ。そう感じた。いや、分かったといった方がしっくりくるかもしれない。この本の根幹を成すピースが、がっしりと埋まった瞬間だった。

　少しカネゴンの話をしよう。加根田金男は金の虜だ。金の為に生きている。そんな少年である。ある日、振るとお金の音がする繭を子分から横取りし自宅へ持って帰る。その夜、繭は金男の自室で巨大に成長し、中には小銭がザクザク溢れ返っていた。狂喜する金男。小銭を取ろうと繭の中に手を入れるが、逆に繭の中へと引きずり込まれてしまう。翌朝、繭から出てきた時は金の亡者カネゴンに変身していた。だが、金男は人だ。紛れもなく人なのだ。そこであらためてこの写真に目を落とそう。右手に掴んでいるのはマンガ雑誌だ。かなり古そうな表紙を見ると、もはや売りものではない。ずっと前にどこかで拾ったのか、子分から奪ったものかもしれない。左手は大きながま口みたいな顔に触れている。お腹が空いているのだろう。カネゴンのご飯はお金だ。胸のメーターがゼロになったら死んでしまう。しかし、ただでお金をくれる人はそうそういない。だからカネゴンは一人ぽっちだ。ピョコンと飛び出した目からは大粒の涙が溢れる。でももう二度と自分の手で涙を拭くことはできない。お金を食べる口元までしか手が上がらないのだ。いったいいつからここにいるんだろう。ポツンと置かれた椅子。きっとここに座ってかつての自分を想い出そうとしているのかもしれない。でも、もう人間だった頃の記憶は薄くなってしまった。僕はカネゴン……。食べ物はお金……。お金が食べたい……。誰かに会いたい……。カネゴンは今もそこにいて、誰かが見つけてくれるのを待っている――。これはお金に憑りつかれた人の孤独を端的に指し示した一枚だ。そんな風に僕の妄想が爆発してしまった。だが、これは僕の妄想であってなんの縛りもない。皆さんはこの写真を見て、自由に何かを感じていただければと思う。

　キットは痛快娯楽劇場より、橋本智氏の原型だ。以前、橋本氏はカネゴン親子が連なったキットを世に送り出したが、今回は単体での登場となった。足を開いて顔を傾けたカネゴンの立ちポーズがユーモラスでもあり、切なさも感じさせる一品である。塗装はkaz氏。人の手から人の手へと渡った10円玉のように銅色の深みとくすみが混在している。とても味わい深い一体となっている。

### DATA
登場話／第15話『カネゴンの繭』
発売元／痛快娯楽劇場
全高／340mm
重量／1100g
全パーツ数／13点
材質／ウレタン樹脂
付属品／雑誌
原型製作／橋本 智

015

**DATA**
登場話／第18話『虹の卵』　発売元／MERMAID 円谷コレクション No.1
全長／450mm　重量／1400g　パーツ数／13点
付属品／なし　材質／ウレタン樹脂　原型師／大石 透

ウルトラQ　地底怪獣 パゴス

# PAGOS

## ウルトラ世界における地底怪獣の始祖

　大仰な小見出しで始めたが、これは間違いなく事実である。ウルトラ世界において、パゴスが地底怪獣というイメージを決定付けた。ご存じのようにパゴスは1965年公開の東宝映画『フランケンシュタイン対地底怪獣(バラゴン)』のバラゴンが大元である。渡部明のデザイン、利光貞三の造形という黄金コンビが稀有な地底怪獣を誕生させた。四つ足スタイルが基本線で、たまにすっくと二本足で立ち上がる。素晴らしいのはどちらのスタイルでもカッコいいということだ。それはバラゴンのガレージキットだけでなく、パゴスやネロンガ、ガボラといった改造怪獣が、名だたる原型師の手によってどちらのスタイルにおいても立体化されていることで証明されている。背中に並んだ段々の背びれと碁盤の目のようなお腹のライン、尻尾は短くて太く、手足の爪は大きくて鋭い。地面を掘り進むのにこれが最適なフォルムなのだと子供心に強烈に植え付けられた。いや、植え付けられたのはむしろ、これが地底怪獣なのだということであった。だから僕等は改造という大人の都合を無視し、今でもバラゴンの系譜が大好きなのだ。どうしようもなくワクワクしてしまうのだ。

　キットは1985年、マーメイドから発売された。原型は大石透氏。今のように資料も豊富ではない中、30年以上も昔によくぞこれだけの造形物が誕生したものだと思う。細かいディテール云々より、キットから放たれるオーラがピカ一だ。どうだ、これが地底怪獣パゴスだぞ。そんな気概に溢れている。ここからは個人的なことで恐縮なのだが、このパゴスが人生初の30cmサイズチャレンジだった。それまではずっとJr.ワールド一本でやってきたから、本当に大きく感じたものだ。しかも、上下の歯は崩れて無くなってるし、経年劣化で上と下のパーツがまったく噛み合わない。おまけにクレーターを思わせるほどの気泡の穴がそこら中にあった。何もいきなりこんなハードルの高いものから手を出さずともよいようなものだが、そこを押してまでこのパゴスの完成した姿が見たかったのだ。

　写真のコンセプトはパゴスの知られざる姿。地面の下ではどんな風に過ごしているのか、その息吹を感じたかった。猛烈な勢いで地底を移動するパゴスの写真はとても気にいっている。あとの二つは小山のような姿を意識している。とてつもない重みを感じる全身像と、戦車隊との攻防。あらためてウルトラ界の始祖である地底怪獣の雄姿を感じていただけたものと思っている。

ウルトラQ　誘拐怪人 ケムール人

# KEMUR

## 宇宙人でもない。
## 星人でもない。怪人です

　このフレーズがこれほどピタリと当てはまるのも珍しい。姿、声、動き、どれをとっても異様だ。具体的に言おう。パトカーの静止を振り切って大股で走る姿、細く伸びた指先を小刻みに震わせるポーズ、自らの肉体を変形させて巨大化するシーン、絶命する間際、体液が頭の先端にある穴から噴出するという生理的な嫌悪感。優れた発想と優れた造形と優れた演出の三位一体が、世代を超えてインパクトを与え続ける怪人を生み出した。このことに異論のある人はいないだろう。

　余談だが、以前円谷プロにお邪魔した際、「倉庫を大掃除してたら、昔の観覧車の模型が出てきまして」との話をされた。観覧車と来ればケムール人ではないのかとすぐにピンときた。やがて目の前に現れた工作物は、ボロボロにはなっているものの「2020年の挑戦」に使用された観覧車に間違いなかった。「怖い……。だけど見たい」。幼心にそんな気持ちを抱かせたケムール人だからこそ、指の隙間からテレビを見つめる集中力は異様に高まった。その結果、観覧車にぶら下がったゴンドラの形状まで記憶するはめに陥ったのである。まさに本末転倒な話だ。

　ケムール人以後あまたの宇宙人が想像されてきたが、いまもってこれほどのインパクトを与える存在はいないのではないだろうか。ケムールの国なんかに誘拐されたらどうなるだろう。周りは全部、大人も子供もケムール人。三つある目で、一斉にこっちを見つめてくる……。子供の頃、布団の中でそのシーンを想像すると、身体の芯が冷えていく感じがしたものである。

　今回、最後まで迷ったのが、ボークスOHの川岸氏作かおまんた高垣氏の作のどちらを採用するかだった。ケムール人はモノクロであり、ナイトシーンが多いゆえに原型師泣かせといわれる。しかし、どちらの作もしっかりと形を読み取り、怪人の全身像を完璧に仕上げている。決定の理由はポーズだ。どちらがより合成写真として使いやすいか。考えた結果、腕を前に付き出して今にもこちらに迫ってくる感じの高垣版を使うことにした。塗装はkaz氏の作。こちらもまた、モノクロであるがゆえに色を組み立てるのに試行錯誤があったようである。一番のネックとなる体色を塗る上で参考にしたのが、雑誌宇宙船で成田氏が言った言葉。「ケムール人は青く塗られていた」という証言だったそうだ。塗装をする上で参考になるものは写真や映像だけでなく、時には言葉も重要なキーになる。このことは覚えておいて損は無いと思う。

　仕上がった写真は案外力強いケムール人の構成となった。ジェットビートルと激しく戦う姿などは逆に新鮮である。だが、やはり怪人の本領発揮は等身大の時だ。古びた商店街の背景は、山口氏が山梨に行った時に撮ったそうだ。こういうところにケムール人を立たせると似合い過ぎて困る。

**DATA**
登場話／第19話『2020年の挑戦』　発売元／おまんたワールド おまんた悦楽シリーズ
全高　290mm　重量／500g　全パーツ数／10点　材質／ウレタン樹脂
付属品／エンドマークのプレート　原型製作／高垣 利信

### 『ウルトラマン』1966年7月17日〜4月9日（39回）

　『ウルトラQ』の続編として企画された『ウルトラマン』は、正確には『ウルトラQ空想特撮シリーズ ウルトラマン』となります。足かけ2年弱に亘る『ウルトラQ』の製作が押し迫った65年秋『科学特捜隊ベムラー』が企画されました。東宝で特撮美術をやっていた渡辺明が鳥天狗のようなベムラーを描きます。その年はバラゴン、前年にキングギドラを生み出した渡辺でしたが、円谷英二もTBSも、スーパーマン的な、あるいはSF的な格好良さを求めました。成田亨が跡を継ぎます。ベムラー、レッドマンを経て、ウルトラマンが生まれました。造形は佐々木明。電飾を倉方茂雄が担当。東宝の俳優、古谷敏のスタイルを最大限に活かした7頭身のデザインです。頭部も古谷の面長のライフマスクから生まれました。『ウルトラQ』で大人気だった怪獣をさらに前面に出します。バリエーションの幅が出ました。同時に着ぐるみの流用が増えたにも関わらずことごとく方向性の違うデザインにしてあります。成田は、ギリシャ哲学からコスモス（秩序）とカオス（混沌）をそれぞれウルトラマンと怪獣へあてはめて、その典型をデザインの旨とします。怪獣デザインに3つの原則を設けました。既存生物の巨大化はしない。生理的に不愉快なものにしない。妖怪にしない。その上で人間のシルエットを感じさせない努力をし、意外性に驚きや感動があるとして半抽象・半具象のデザインを模索します。現代アートの分野が注目するのは、成田の才能に加え理念があったからでしょう。『ウルトラマン』は大ヒットして怪獣ブームが爆発しました。ウルトラマンは宇宙の墓場へベムラーを運ぶ途中に逃げられてしまい、地球へ立ち寄ります。科特隊員ハヤタを事故に巻き込んだ謝罪で、いのちを共有します（ベムラーは企画題名を戴きました）。ウルトラマンは「マッハ5のスピードで空を飛び、強烈なエネルギーであらゆる敵を粉砕する無敵の男」です。企画の金城哲夫は脚本のみならず、劇中に留まらない設定をウルトラマンに与えます。多彩なメディアでウルトラマンは活躍したのです。例えば、プラズマスパーク核融合炉の暴走でM78星雲人は特殊な能力を身につけました。ウルトラマンはさらに選ばれた一人だったのでした。地底、海底、宇宙から怪獣や宇宙人がやってきます。科特隊の手に負えない強敵へハヤタは果敢に変身を試みます。バルタン星人、レッドキング、ゴモラ、メフィラス星人、ジェロニモン。人気怪獣が次々と生まれます。ゼットンに敗れたウルトラマンが地球を去る時、1話と同様、人間のいのちの重さを口にします。慈愛に満ちたウルトラマンの勇姿。相対する縦横無尽な怪獣の暴れっぷり。特撮が最大限に活かされた『ウルトラマン』こそ、いまなお魅力的な寓話の世界です。

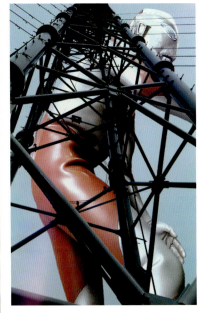

**DATA**
登場話／第1話『ウルトラ作戦第一号』から 第13話『オイルSOS』まで
発売元／海洋堂 メガソフビレプリカ レジン版
全高／380mm 重量／1600g（台座込み）／全パーツ数／8点
材質／ウレタン樹脂 付属品／ディテールアップ用透明パーツ
原型製作／木下 隆志

ウルトラマン　ウルトラマン（Aタイプ）

# ULTRAMAN〔A TYPE〕

## 唯一無二とは彼のことだ

　ウルトラマンが誕生して半世紀が過ぎた。しかし、今も尚、新作が作り続けられており、世界中にウルトラマンのファンが溢れている。これは奇跡のようなことだ。考えてみて欲しい。この半世紀の間に作られた創作物の数を……。本当に膨大なものだ。そして、そのほとんどが時間と記憶の波の彼方へと消えていく運命にある。しかし、ウルトラマンは今もそこにある。いや、あるだけでなく、前へと進んでいる。M78星雲からやってきた宇宙人。銀色のボディと赤いラインのシルエット。必殺技は両手をクロスすることで放たれるスペシウム光線。ウルトラマンより前にウルトラマンはなく、ウルトラマンより後にもウルトラマンはない。ウルトラマンは唯一無二の存在だ。世界中を見回しても、こんなキャラクターは稀有だ。数えるほどしか存在しない。一介の創作者として、羨ましさと神々しさを禁じ得ない。

　海洋堂から発売されたメガソフビは、当時から出来の良さで評判となっていた。もちろん僕も見たことはあった。背中を丸め、猫背気味に対峙するポーズは、まさに古谷敏氏演じるウルトラマンそのものだ。そんなソフビ原型から型を抜き、ごく僅かにレジンキャスト化されたものを運よく手に入れることができた。これはズシリと重いレジン版のウルトラマンである。原型は木下隆志氏。ウルトラマンを作らせたら右に出るもの無しと言われる存在だ。確かにポージングは完璧だと思う。足の向きや指の開き具合など、どこをとってもウルトラマンだと感じさせてくれる。その拘りは他の部分にも表れており、右耳の後ろにある電飾スイッチのバーや、カラータイマーの留め具までもが造形されている。僕は木下造形で初めて、カラータイマーがどんな風に取りつけられているのかを知った。まさか、金具だったとは……。こんなところまで手を抜かずに表現してしまうなんて、まさにパーフェクトだといえる。ウルトラマンの塗装は何度やっても難しい。銀と赤の二色。シンプルゆえに一切の言い訳がきかない。僕はこれまで一度も満足な色を出せたことがない。その点、kaz氏の塗装はどうだ。まったくもって見事である。特に煤けたような赤色は完璧だ。何度見ても溜息が出るほど素晴らしい。

　写真はウルトラマンの雄姿を様々な角度から取り上げている。シルエットもあれば、怪獣との対峙もある。中でも出色なのは、赤い火の球の内側から見た構図だ。ウルトラマンはこの後、ハヤタ隊員の操縦する三角ビートルと衝突し、彼の命を奪ってしまう。ここからすべての物語が始まる。このシーンはまさにその直前。このカットを生み出せただけでもこの本を作った意味はあると思っている。

ウルトラマン　宇宙怪獣 ベムラー

# BEMULAR
## 始め良ければすべて良し

　第一話、それは飛行機の離陸にも例えられる。いかに美しく完璧に飛び上がれるか。離陸如何によっては機体を安定できなかったり、最悪の場合は直滑降に墜落することだってある。第一話はただ単に長い物語の中のワンピースというだけでなく、物語の運命を左右する重要な役割を担っているのである。単純明快な分、この諺の真理は怖い。円谷プロに集った若き才能達。彼らはウルトラマンというまったく新しいヒーローを生み出した。圧倒的な魅力を持つウルトラマンは、半世紀を経た今でも脈々と受け継がれ新たなファン層を広げている。そんなウルトラマンと第一話で対峙させるにふさわしい怪獣を作り出す。生半可なものでは視聴者の記憶にさえ残らないだろう。だが、そんな憂いは見事に吹き飛んだ。宇宙怪獣ベムラー登場。大きく裂けた口から青い熱光線を吐き、退化した腕を補うように背中一面が無数の棘に覆われている。そして極めつけは邪神のような顔である。右と左とではまったく印象の異なる非対称の表情。だが、見るものに与える印象はどちらの顔もまったく同じ、凶悪という二文字である。

　そんな宇宙の悪魔を、栄えあるシリーズの第一弾として選んだ原型師がいる。浅川洋氏だ。自ら立ち上げたブランドから、ウルトラマンの怪獣すべてを立体化するという壮大なプロジェクト。浅川氏はやはりベムラーを最初の造形物として世に送り出した。これはウルトラに対する明確なオマージュであり、シリーズの幕開けという本人の高らかな宣言となっている。キットは……まずもってデカい。これまで沢山のベムラーのキットを見てきたが、こんなにデカいのは初めてだ。さもあろう、浅川氏は約30cmの人が着ぐるみの中に入った大きさで造形しているのだ。これまでの30cmサイズより頭一つ分、横幅二つ分ほど大きい。日本の住宅事情をまったく無視したこのサイズ、コレクションするには大変だ。はっきりいってマニア泣かせのシリーズである。それでもなおサイズに浅川氏が拘ったのは、このサイズでしか表現し得ない魅力を伝える為に他ならない。僅かに前傾姿勢で歩を進めるベムラーの全身像、そして、宇宙の悪魔の表情がkazの塗装で完璧に引き出されている。まさに納得の二文字である。

　写真は水に拘っている。竜が森の湖に青い火の玉となって潜入したベムラーの印象は山口氏にとって強いのだろう。科学特捜隊のジェットビートルや特殊潜航艇S16号を効果的に組み合わせながら、これから始まる新たな激闘の幕開けをイメージできるように作られている。

### DATA
登場話／第1話『ウルトラ作戦第一号』
発売元／アス工房 アレイド ウルトラマンシリーズ 第一弾
全高／370mm　重量／1000g　全パーツ数／13点
材質／ウレタン樹脂　付属品／なし
原型製作／浅川 洋

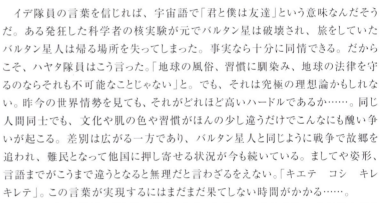

ウルトラマン 宇宙忍者 バルタン星人

# ALIEN BALTAN

## キエテ コシ キレキレテ

　イデ隊員の言葉を信じれば、宇宙語で「君と僕は友達」という意味なんだそうだ。ある発狂した科学者の核実験が元でバルタン星は破壊され、旅をしていたバルタン星人は帰る場所を失ってしまった。事実なら十分に同情できる。だからこそ、ハヤタ隊員はこう言った。「地球の風俗、習慣に馴染み、地球の法律を守るのならそれも不可能なことじゃない」と。でも、それは究極の理想論かもしれない。昨今の世界情勢を見ても、それがどれほど高いハードルであるか……。同じ人間同士でも、文化や肌の色や習慣がほんの少し違うだけでこんなにも醜い争いが起こる。差別は広がる一方であり、バルタン星人と同じように戦争で故郷を追われ、難民となって他国に押し寄せる状況が今も続いている。ましてや姿形、言語までがこうまで違うとなると無理だと言わざるをえない。「キエテ　コシ　キレキレテ」。この言葉が実現するにはまだまだ果てしない時間がかかる……。

　なんて、思わず硬い前振りで始めてしまったが、ここからはガラッと気分を変えて参りましょう。バルタン星人、ウルトラ世界で飛びっきりの知名度と断トツの人気を誇る存在です。それがなんとセミ人間の改造ですよ、改造。改造怪獣が生まれる経緯は、特撮モノのコスト高が最たる原因です。着ぐるみ一体を新しく作るよりも、改造を施した方が遥かにコストは抑えられる。ある意味苦肉の策で生まれ出たバルタン星人が、ウルトラ怪獣史上最も著名な存在になろうとは……。当時のスタッフは誰も予想すらしていなかったと思います。とはいえ、劇中でのバルタン星人の印象は強烈です。左右に動く黄色い目、「フォッフォッフォッ」という不敵な笑い声、そして宇宙忍者の本領とでも言うべき分身の術。一度見たら、聞いたら、忘れられない圧倒的な存在感であるのは間違いありません。

　そんなバルタン星人をアス工房の浅川洋氏が満を持して放ちました。ポーズは光弾発射時の姿です。浅川さん曰く、バルタン星人特有のカッコよさが出ていると思うから、だそう。なるほど、ご本人がそう仰るのも無理はない。腰に重心が乗ってグッと鋏を突き出すように構えたバルタン星人は文句なしのカッコ良さです。しかも、塗装はkaz氏。映像を1コマ1コマ分析し、身体の模様を完全再現しておられます。二人の探求心が重なって仕上がったバルタン星人の雄姿。そこに山口氏が参戦して、分身する姿や二代目と一緒の出現というサービスカットまでも披露してくれています。もはやこれ以上の言葉はいりますまい。いや、最後にこれだけは言わせてください。アス工房のシリーズで僕が唯一持っていないキットがこれです。「バルタン星人、他にも幾つか持ってますからねぇ」って断っちゃった……。ああっ、なんてことをしたんだ、オレ！

**DATA**

登場話／第2話『侵略者を撃て』
発売元／アス工房　アレイド
　　　　ウルトラマンシリーズ　第六弾
全高／360mm
重量／600g
全パーツ／25点
材質／ウレタン樹脂
付属品／なし
原型製作／浅川 洋

ウルトラマン　海底原人 ラゴン

# RAGON

## 怪獣造形の父の面影

　ラゴンの顔、どこか造形家の高山良策氏に似ている感じがする。ご本人曰く、これは奥様の顔だとか………。いやいや、写真で見る限りは高山さんだと思う。顔の輪郭、スマートな体躯、ぼさぼさで逆立った髪、シルエットはやっぱりラゴンに見える。今でこそそんな冗談を飛ばせるくらいラゴンを眺めることができるが、子供の頃は怖かった。図鑑のページをめくる時、ラゴンが出てきたらサッと飛ばすのが常だった。全身緑色で皺深いゴリラのような顔に、何を考えているのか分からない感じの目。子供って好きか嫌いか、目を見て判断するものだ。ラゴンの目からは危険な匂いがした。だからといって高山さんがそうだと言ってるんじゃない。ヤマダマサミさんから高山さんの印象を聞かされたことがあるが、子供が大好きで、人に優しく、とても素晴らしい方だったそうだ。できることなら、生前に一度でもお会いしてみたかった。

　ご存じの通り、ラゴンは『ウルトラQ』と『ウルトラマン』とでは性別もサイズも違う。Qで子供を取り返す為に陸に上がってきたのは等身大のメスラゴンだった。一方、ウルトラマンに登場したラゴンは屈強なオスであり、巨大化していて、大好きな音楽にも耳を貸さない。放射能を浴びて狂ってしまったという設定だった。アレイドのウルトラマンシリーズを推し進める浅川洋氏は、当然ながら巨大化したオスラゴンを作った。まぁなんというパーフェクトなシルエット。高山さんにしか見えない。（まだ言うか……笑）ラゴンのキモはヒレにあると思うのだが、そのヒレも実に薄く、たゆたうように丁寧に造られており、まさにプロの技が凝縮されている。塗装したkaz氏もヒレの塗り込みには徹底的に力を入れたようだ。「はっきり塗り分かれている部位は頭と首の下1段目ぐらいなのですが、場面によっては光が透けると、実はもの凄くはっきりと細かく塗り分けられているのが分かります。芯が入っているのか、ちゃんと塗り分けられていたのか、激しい撮影で擦れたのか、水中撮影で流れたのか、自分にはどれが正解なのか分かりませんがきっちり塗り分けられているのが見てとれます」とこのように熱く解説している。これからラゴンを塗装する方はぜひとも参考にしてほしい。

　さて、写真の方だが、嵐の海を進むラゴンはド迫力でたまらない。色の付き方や構図など、昔のメンコやカードの着色画像みたいで、新しいのにどこか懐かしい匂いがする。また、こういうイメージにラゴンがよく似合うというのもある。趣向を変えたところではガランとの対決。体色が緑だからというワケではないが、魚獣と半魚人の組み合わせは一度実現させてみたかった。

**DATA**
登場話／第4話『大爆発五秒前』
発売元／アス工房 アレイド
　　　　ウルトラマンシリーズ 第三弾
全長／330mm　重量／700g
全パーツ数／14点　材質／ウレタン樹脂
付属品／原爆パーツ
原型製作／浅川 洋

ウルトラマン　髑髏怪獣 レッドキング

# RED KING　人はなぜ、怪力に魅かれるのか

　古代から現代まで、神話や歴史、プロレスからマンガに至るまですべてそう。不思議と怪力を持つ者は英雄視される。もっと平たく言うと、それだけで人気者になれる。そのご多分に漏れず、レッドキングもトップクラスの人気を保ち続けている。レッドキングは怪力以外に主な武器はない。しいて挙げるならバカでっかい尻尾だろうが、これを振り回す力もまた怪力あってこそだ。知力の方はからっきし。この小さい頭を見ればなんとなく分かるだろう。ただひたすら、己の腕力一つで怪獣界を昇りつめてきた。そんな存在だ。ちなみにレッドキングは右利きだと思っている。理由は腕の太さにある。比べてみて欲しい。左腕と比べて右腕の盛り上がってること！　発達の仕方がまるで違う。このパワーで巨大な岩を持ち上げ、チャンドラーの翼を根元からもぎ取ってしまった。

　同じく怪力だけでレッドキングと人気を分けるのがゴモラだ。この二大怪獣、本気でぶつかったらどちらが強いのか。子供の頃はよく議論したものである。ウルトラマンに力技で放り投げられたレッドキングに対し、ゴモラは二週に亘ってウルトラマンを苦しめた。レッドキング派はいつもこの点で分が悪くなったのを覚えている。

　キットは随分と古いものだ。発売されて三十年ほどが経つ。発売元はボークス、オリエントヒーローシリーズから。原型は初期のガレージキット界を支えた雄、大石武司氏である。僕は大石氏の作風が今もって大好きで、ガラモンやキングギドラ、バルタン星人など常に特別な位置に飾っているほどだ。とはいえ、レッドキングはこれまでに作った数々のキットの中で、完成まで最も時間を要することになった。歳月が生み出した歪みは、ちょっとやそっと温めようが削ろうが、パーツがまったく噛み合わない。そして、凄まじいまでのバリの多さと、抜きの甘さからくるモールドの潰れ。さらには油が混ぜてあるのではと疑いたくなるほどの、超強力な離型剤の油膜。何度洗っても一向にヌルヌルが消えない。まだある。ダメ押しは初のレジンキャスト注入。中空とムクのパーツ割の為、全身の安定感がひどく悪いので、これをがっしりと安定させるようボディにレジンキャストを流し込んだ。するとひび割れが……。レジンキャストが固まる時に熱を放って、パテ埋めした箇所を歪ませたようだ。メキッ、ボキッと音を立ててひびが入っていくのを目の当たりにした時、もう絶句するしかなかった。それら難関を乗り越え、仕上がったレッドキングを見た時には嬉しさと「もうやらん」という五文字で心がいっぱいになった。

　写真に細かい解説はいらないと思う。レッドキングの猛々しさを存分に感じさせる構図ばかりだ。唯一違うのは夢の一枚。そしてこれ、ゴモラとの夢の一枚。これぞモデリングワールドの真骨頂だ。

**DATA**
登場話／第8話『怪獣無法地帯』
発売元／ボークス オリエントヒーローシリーズ No.11
全高／350mm　重量／2600g（レジンキャスト注入により増量）
パーツ数／11点　付属品／なし　材質／ウレタン樹脂
原型師／大石 武司

**DATA**
登場話／第9話『電光石火作戦』
発売元／アス工房 アレイド ウルトラマンシリーズ 第九弾
全長／590mm(ヒレ開き) 重量／2000g(ヒレ開き)
パーツ数／26点(デラックス版)
付属品／ヒレ開き、ヒレ閉じの二種 眼球パーツ4個
原型製作／浅川 洋

ウルトラマン　ウラン怪獣 ガボラ

# GAVORA

## なんだこれ？ なんか知らない怪獣が出てきたぞ……

　皆さんどうも。本日は一つ、遅れてきた怪獣ファンの嘆きにお付き合いくださいませ。昭和42年生まれの僕が初めてテレビで『ウルトラマン』を見たのは、小学校低学年の時でした。お茶の色なんて出ないくらいの出がらし……、幾度目かの再放送です。なので、怪獣といえばもっぱら図鑑でした。昔は写真と画で構成された大図鑑がたくさんあったんですよ。それを穴の開くほどめくっては、登場タイトルに身長、体重、足型までごっそりと記憶しておりました。もちろんガボラも完璧に頭に入っておりました。でも……初めてガボラの回を見た時は心底おったまげました。だって地面から出てきたのは先の尖った恐竜の化石みたいな奴。しかもそれを見た作業員が「ガボラだぁ！」って叫んでる。ガボラといえば真っ赤なヒレを開いたひまわりみたいな姿しか知らない。まさかヒレが開け閉めできるなんて……。以来、ヒレ閉じガボラは僕の中で特別な存在となったのです。

　造形はアス工房の浅川洋氏。ガボラはウルトラマンシリーズの第九弾として発表されました。浅川さんが作るキットはなにしろ大きい。30cmの人が着ぐるみの中に入ったらという想定で造形されているので、当然のように縦横がデカくなります。このガボラももちろんそう。冗談抜きで小型犬くらいのサイズがあるんですよ。日本の住宅事情を完全に無視し、「俺の力量をいかんなく発揮するにはこのくらいのサイズが必要なんだ」といわんばかりの浅川さんの姿勢は実にアッパレで、底知れぬバカパワーを感じます。顔は二つ、ヒレが開いたものとヒレが閉じたもののコンパチ。ヒレ閉じなんて顔はほとんど見えなくなるのに、パーフェクトな造形がしてある。まぁね、浅川さんならこれくらいの拘りは当然なんですが……苦笑。それにしても塗装は実にゾクゾクしました。一度塗り始めてみるともうどうにも止まらない。色を乗せるとモールドがどんどん応えてくるんですよ。だからもうヤケ気味にこれでもかと色を与えると、ヘッ、こんなもんかという具合にどんどん飲み込まれてしまう……。これまで沢山のキットを作ってきましたが、こんな感覚に陥ったのは初めての経験でした。

　そんなガボラの合成コンセプトもまた、ヒレ閉じとヒレ開けの二種類です。洞窟の中を這い進むカットは外せません。こんなシーンは本編にはなかったから。同じく、パゴスとの地底での激闘もそう。本編にはなかったシーン、頭の中で想像するしかなかった場面をキットと実景で描き出すこと。地底の中ってまさにうってつけなんです。

ウルトラマン　襟巻怪獣 ジラース

# JIRAHS
## 新たな名前で出ています

　オレ、ゴジラじゃないよ、ジラースだよ。だって襟巻あるでしょう、デッカイのが。でも、ウルトラマンとの戦いの最中、毟られるんだよね。するとまるっきり、ゴ……。いやいや、それでもやっぱりジラースだよ！
　この回を見た人は概ね二つの反応を示したようですね。一つは「これ、手抜きとちゃうか」（なぜ、関西弁？）　もう一つは「凄かサービスばい！」（どうして九州弁？）　果たしてどちらが正解なんてこの際関係なく、訛りがいろいろあるように、要は魅力があればそれでいいんです。それにしてもデザイナーの成田さんは、首の周りに何かをくっ付けることで大きくシルエットを変えますよね。ガボラのヒレ然り、ゲスラの棘然り、このジラース然り。しかも、それがことごとく功を奏しているという。まったく素晴らしい発想力だと思います。
　さて、この迫力満点なジラースはファルシオンのキットです。ファルシオンは90年代に怪獣・特撮系キットで注目されてメーカーであり、巨神兵や『シン・ゴジラ』の造形でお馴染の竹谷隆之氏も所属していました。ジラースを造形したのはファルシオンの雄、稲田喜秀氏。茶目っ気と鋭さが同居した顔つき、身体を捻ることで生まれる躍動感、全身にくまなく流れるように配置されたヒダ、どれ一つとっても素晴らしい仕上がりになっています。稲田氏の作るキットは昔から定評がありますよね。ジラースがいまだに決定版と言われるのも頷けます。ただ、もう現場から離れて久しい。いつかまた原型を作っていただきたいと心から思う原型師さんです。ファルシオンは基本ソフビが主流なのですが、少数、レジン版が存在します。僕は日頃の行いがいいから、キットの神様がレジン版を作りなさいと与えてくれました（苦笑）。やはり、ソフビと比べて一回り大きく、エッジが効いています。その魅力を損なわないように塗装には気をつけました。
　写真もそうです。ジラースの前後左右が基本コンセプトになっています。どこから見ても画になるなんてそうそうありません。僕の知る限り、名優三船敏郎さんと高倉健さんくらいしか思い浮かびません。このジラースはそのお二方に匹敵するってことです。だから、それは元がゴジラだからだろうって野次はこの際無視します。いいですか、これはゴジラではありません。徹頭徹尾、ジラースです！

**DATA**
登場話／第10話『謎の恐竜基地』
発売元／ファルシオン
全高／340mm
重量／2000g
パーツ数／25点
付属品／岩
材質／ウレタン樹脂
原型師／稲田 喜秀

ウルトラマン　汐吹き怪獣 ガマクジラ

# GAMAKUGIRA

## 女のテキ！

　こんなのが波の間にまにぽこんと浮かんでいたら、間違いなく島だって思うだろうなぁ。そうです、ひょっこりひょうたん島。近づいて見るとヌルヌルでブヨブヨだけど、遠目からだと楕円形でなんとなく瓢箪に似てる感じがするし。波をちゃぷちゃぷ、誰も知らない大海原を、ただのんびりと漂いながら日向ぼっこ。水鳥達が背中に乗ってがやがやとお喋り。丸い地球の水平線の向こう、大粒の真珠がきっとオイラを待っている。でも、動くのは明日だ、まだ眠い。本編中では大量の真珠を食べるがゆえに、フジ隊員からは「女のテキ！」なんて罵られておりましたっけ。幼心には般若のような顔をしたフジ隊員の方が怖ろしくて、心に刺さったものです。とまぁ話は逸れましたが、僕等が知らないガマクジラの日常って案外こんな感じなのかもしれません。

　キットはアトラゴンGKより、宮崎逸志氏が原型を製作。なんとこれが氏のデビュー作でした。それを聞いた時には、とんでもない原型師が現れたって随分と驚いたものです。それまで30cmサイズのガレージキットシーンでは、ガマクジラが作られたことは一度もありませんでした。理由は無数に存在する表皮の突起物。その表現方法が大変であり、面倒であり、メタルパーツなどを使えば金額が一気に跳ね上がってしまいます。要するにハイリスクな孤高の存在だったんですよ。しかし、宮崎氏はその難物に果敢に挑みました。だからこっちも果敢に挑まざるを得ません。洗浄する時にポロポロ、組み立てる時にポロポロ、手に持つだけでポロポロ……。いったいどれだけの突起を折ったのか分かりません。でも、そういう時の為に別パーツで突起が付いてるワケですよ。しかも、ご丁寧に補修パーツの使い方なんてインストまで入ってる。ありがたくて涙が出てきます。

　写真のコンセプトは上記した通り、僕等が知らないガマクジラの日常。日向ぼっこしてる日もあれば、嵐で大荒れの日もあったり。どこかの岩場を覗き込んだら、天然の真珠の大群を見つけてあんぐり口を空けたり。時には同じく海を生活の場とするザザーンと激しく争うこともあったりとか。「あいつ、ヘドロ臭いし、海汚すから真珠がダメになるんだよね」なんて養殖業者みたいなセリフを言ったと言わないとか、それは定かではありません。

### DATA
登場話／第14話「真珠貝防衛指令」
発売元／アトラゴンGK 30CM ウルトラ怪獣シリーズ No.2
全長／400mm　重量／2000g　パーツ数／7点
付属品／補修パーツ（インセクトピン・ビーズパーツ・リングパーツ）
材質／ウレタン樹脂　原型／宮崎逸志

ウルトラマン　宇宙忍者 バルタン星人二代目

# ALIEN BALTAN II

## 二代目の矜持

　セミ人間の改造だった初代に対し、こちらはまったくの新造である。尖った頭、突き出した丸い目、そして巨大な鋏。コンセプトは初代とまったく同じである。なのに、受ける印象がまるで違う。お叱りを覚悟ではっきり言おう。二代目は初代に遠く及ばない。成田亨氏の描いたデザイン画を見るとバルタン星人は一つだけしかない。しかも、デザイン画に忠実なのは二代目の方だ。何が言いたいのかといえば、本来、バルタン星人とは二代目が初代として認識される筈だった。だが、ここで運命が悪戯をする。デザイン画を見ながら、新造ではなく改造を施したのだ。一体誰が？　それもまた諸説ある。セミ人間をベースにした為、デザイン画とは似て非なるものとなった。やがて生まれ出たのが傑作、初代バルタン星人だったのだ。だが、物語に目を移せば、二代目のインパクトは初代に引けを取らない。むしろそれ以上といえるかもしれない。スペシウムが弱点というバルタン星人は、ウルトラマンと対戦後、なんと自らの身体に改造を施した。胸に反射板を取り付けたのだ。道具を使わずに己の肉体を改造するというこの狂気の発想。「フォフォフォ」と無機質に嗤う不気味さこそがバルタン星人二代目の矜持。初代に一切引けをとらないという激しい意思表示である。

　そんな狂気の二代目を造形したのは浅川洋氏だ。出現ポーズ版、反射ポーズ版、攻撃ポーズ版。これ、なんのことだか分かるだろうか。浅川氏が放ったバルタン星人二代目には、上記した三つのバージョンがあるのだ。こうでもしないと二代目の魅力が伝えられないと考えたのだろうが、ここまでくれば狂気である。さらにだ。二代目を塗装したkaz氏に至っては、下半身の模様を可能な限りブルーレイにて導き出した。しかも、撮影が進む中で剥げてしまったであろう塗装の修正箇所や色具合まで読み取り、きっちりと再現している。正直、本物を目の当たりにした時は溜息が出た。狂気の三重奏がこの造形物には詰まっている。

　写真には攻撃ポーズ版と反射ポーズ版の二種類を使っている。攻撃ポーズ版はすべてナイトシーン、よって鋏の奥の青いライトが美しく映える。分身あり、宿敵との対峙ありと見応えたっぷりだ。反射ポーズ版はあえて初代との組み合わせ。青の初代、紫の二代目と色のコントラストも面白い。ちなみに僕は出現ポーズ版を持っている。鋏を振り上げて不敵に嗤っているポーズだ。いつか塗り上げて、再び合成写真を作って見たい。この写真にはない新たな二代目の魅力が炸裂するのは間違いない。

**DATA**
登場話／第16話『科特隊宇宙へ』
発売元／アス工房 アレイド
　　　　ウルトラマンシリーズ 第十一弾
全高／380mm
重量／700g
全パーツ数／35点
材質／ウレタン樹脂
付属品／なし
原型製作／浅川 洋

ウルトラマン　青色発泡怪獣 アボラス

# ABORAS

## 寝起きは機嫌が悪いに決まってる

　古代人からカプセルに封じ込められ、長い間、眠りについていた。なのにだ。掘り起こされ、何度も電撃浴びせられた挙句、無理やり叩き起こされたワケだから、そりゃ機嫌が悪いに決まってる。赤いホットなバニラとは違って青いクールなアボラスが、キュッと目を吊り上げ、なんでも溶かす溶解液をまき散らし、キレたような暴れっぷりを見せたのも頷けるというもんだ。もしかするとすこぶる朝が弱い、低血圧なのかもしれないけど……。

　キットはボークスのオリエントヒーローシリーズから。原型は村田幸徳氏。当時、村田氏の放ったドドンゴ、アボラス、バニラの三作品は、二十数年が経過した今でも絶大な人気がある。アボラスなんてレッドキングの首のすげ替えで、手抜きも同然だと思ってる人もいるかもしれない。いやいや、そこは成田・高山の黄金コンビですよ。きっちりと新しくて魅力のある新怪獣を作ってみせた。ウルトラファンの中でも特にコア層にはアボラス好きの人が多い。かくいう村田氏もその一人だ。だからなのだろう、似てる似てないなんてこのキットの前では問題にはならない。兎に角、無茶苦茶にカッコイイのだ。間違いなく飛びっきりのオーラが出ている。いまだに決定版と呼ばれるだけの存在感を放っている。そんな中、あえて難をいえばサイズかな。角を入れても高さが30cmに満たない。昨今の怪獣キットのサイズは30cm越えが当たり前となっている。一緒に並べるとどうしても見劣りしてしまう。近いうちに、身長も仕上がりもこのアボラスを越えるキットが出てくることを大いに期待したい。

　写真のコンセプトはアボラスの進撃と、古代の悪魔同士のぶつかり合い。そして、バニラを倒して勝ち誇るアボラスという一連の流れとなっている。まぁ、ここまではアボラスも良かったんだよな。誤算は一つ、かつてはいなかった銀色の巨人が、この時代にはいたということだ。無理やり叩き起こされ、犬猿の仲であるバニラと戦い、よく知らない銀色の巨人に打ちのめされて終了……。なんとも踏んだり蹴ったりの青い悪魔なのでした。

### DATA
登場話／第19話「悪魔はふたたび」
発売元／ボークス オリエントヒーローシリーズ No.42
全高／270mm　重量／1200g　パーツ数／6点
付属品／カプセル　材質／ウレタン樹脂
原型／村田 幸徳

**ウルトラマン**　赤色火焰怪獣 バニラ

# BANILA

## 決して当て馬などではありません

**DATA**
登場話／第19話『悪魔はふたたび』
発売元／ボークス オリエントヒーローシリーズ No.43
全高／290mm　重量／910g　全パーツ数／6点
材質／ウレタン樹脂　付属品／カプセル
原型製作／村田 幸徳

　古代人が怖れた悪魔の片側、赤い怪獣バニラだ。——にしては、ちょっとアボラスと扱いに差がありゃしませんか？　劇中でもウルトラマンとぶつかるのはアボラスのみ。バニラは引き立て役、噛ませ犬よろしく途中退場なのです。でもね、これはシナリオ通りに演じたワケで、別にバニラに魅力がないわけではありません。あらためて姿形をよーく見てみると、鼻がタコチューみたいで変です。体型は妊婦さんか、あるいはだらしない中年太りのおじさんのお腹みたいです。背中は複雑です。尻尾も複雑です。兎に角、アボラスなんて比にならないほどインパクト大です。成田さん曰く、タツノオトシゴから着想を得られたと言われておりますが、なるほど、自然界の形を上手く流用しつつ、新しい生命が巧みに創造されています。なによりですよ、アボラスはレッドキングの改造怪獣であるのに対し、バニラは新造形なのです。しっかりと金が掛かってるんです。これだけでも脇役ありきで作られたワケではなく、あえてシナリオ通りに演じたということが分かってもらえるでしょう。ちなみにバニラはその後、「快獣ブースカ」に登場するイモラに改造されます。改造された怪獣アボラスとその後改造されたバニラ。別にどっちがどうと言おうなんて思っちゃいません。ただ、ここでも因縁めいたものを感じる二体だと思いませんか。

　バニラもアボラス同様、ボークスのオリエントヒーローシリーズのものです。原型も同じく村田幸徳氏。共に村田が手掛けたことによって、向かい合わせると目線も腕を振り上げた角度も足の出方も完璧に対になっております。ここがまた伝説の名品といわれる所以だと思います。この手法は後のグドン・ツインテールを造形した河本氏に引き継がれ、大いに成功を博しました。コラボもいいですが、同一の原型師による完璧な合わせ技もまた、一段とキットの魅力を高めることになるという好例です。やがて、アス工房の浅川さんがアボラス・バニラの造形を果たされることでしょう。ド迫力でいて緻密な二体が誕生する日を楽しみに待ちたいと思います。

　格闘をメインに据えたアボラスの写真とは異なり、バニラのコンセプトは単体の魅力を伝えるスナップ風です。複雑な背中、山の中や炎の中に立つ雄姿。また、古代を感じられるピラミッドとの共演など工夫を凝らしてみました。だが、それだけでは折角の魅力が伝わりません。なので夢の対決を。ジラース、そしてウルトラマンとぶつけてみました。こんなことができるのも、モデリングワールドの真骨頂といえるでしょう。

ウルトラマン　古代怪獣 ゴモラ

# GOMORA
## デザイナーと兜との幸福な出会い

　成田亨氏ご本人がこんなコメントを残されている。「戦国武将黒田長政の兜を見て感動し、あの感動を怪獣に詰め込もうと思った」。展覧会なのか、それとも他の機会があったのかは定かでないが、多分、成田氏は兜を直に見たのだろう。そして、見たものは『水牛脇立て桃形兜』だと推測される。兜の両横から水牛の角が長く、天にそびえ立つように伸びている。派手さと力強さが実に明快であり、遠くからでもよく目立っていたであろう兜だ。デザイナーと兜、両者の偶然の出会いは一匹の名獣を誕生させた。ゴモラだ。雄々しさ、猛々しさ、美しさ。すべてここに表現されていると言っても過言ではない。ゴモラは最高のウルトラ怪獣だ。余談だが、長政にはもう一つ、兜を被った有名な肖像画が残されている。まるで四角い鉄板のような兜であり、名前を『銀箔押一の谷形兜』という。これは元々軍師竹中半兵衛のものであり、名前が示す通り、平家物語の一の谷の崖を模して作られている。源義経の知略と勇気、武勇を自分のものにしたいという想いがこんな兜を作らせたそうだが、もしもこちらのデザインに成田氏が感動していたら……ゴモラは随分と違うイメージに仕上がっていただろう。ちょっと見てみたかった気もするが。

　ゴモラは人気怪獣なだけに、これまで数多くの立体物が造られてきた。ボークスOHの大石ゴモラ、ビリケンの金網ゴモラ、怪無クラシックスの村田ゴモラ。どれもが個性的でありゴモラの魅力を全面に引き出している。そこにアス工房の浅川洋氏が割って入った。ウルトラマンの怪獣をすべて立体化するというプランを立てた浅川氏なだけに、ゴモラの造形は避けられない。ご本人はかなりのプレッシャーだっと思うが、それを跳ね除けるように伸びやかなゴモラが仕上がった。まぁ兎に角デカい。縦もそうだが、胸板、横幅、尻尾とあらゆる部分がとんでもなくデカい。ゴモラってこんなにもずんぐりむっくりしていたのかと驚くほどである。塗装はkaz氏だ。今回も細部に亘って徹底的な考証を行い、細かい色ムラやはみ出しまできっちりと再現している。一番の難関である大角の赤いギザギザのラインだが、kaz氏曰く、撮影前のスチールを見ると「めっちゃ適当に塗られている」のが判るそうだ。撮影の中で擦り切れて、いい具合の掠れ模様に落ちついていったのだろう。偶然の産物というわけである。ラインの作例は浅川氏自身が塗ったものが一番似ているということなので、これから作る方はそちらを参考にするといい。

　ゴモラはありきたりの写真を作っても面白くはないので、モデリングワールドならではのアプローチで攻めている。車内から見たガボラとゴモラ構図などは怪獣ファンなら一度は遭遇したいシチュエーションではないだろうか。

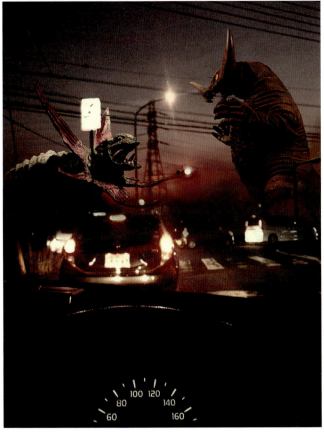

**DATA**
登場話／第26話『怪獣殿下（前篇）』
　　　　第27話『怪獣殿下（後篇）』
発売元／アス工房 アレイド ウルトラマンシリーズ 第四弾
全高／360mm　重量／2200g
全パーツ数／12点
材質／ウレタン樹脂　付属品／なし
原型製作／浅川 洋

**ウルトラマン** 黄金怪獣 ゴルドン

# GOLDON
## 光に目が眩み

　錯乱した人物をやらせたらこの人の右に出る者はいない。ご存じ、大村千吉である。今回は金の魅力に憑りつかれた鉱夫といういかにもうってつけな役であり、さらに出血多量と酸素欠乏で暴れ、叫び、泣き喚く。大村節が随所に炸裂してファンの期待を裏切らない。とはいえ、今回はちょっとだけ気持ちが分からなくもない。そう、黄金の光に目が眩んでしまったのだから……。ゴルドンの主食は金だ。どういうわけか、身体も金で出来ている。身長65m、体重6万tの巨体がすべて金だ。とてつもない量だ。しかも、ゴルドンは一匹じゃない。二匹いる。捕まえれば億万長者どころか、数世代に渡って左うちわになること間違いない。大村扮する鉱夫でなくとも光に目が眩むというものだ。成田氏曰く、ゴルドンのアイディアは芋虫から出たのだそうだ。なるほど、太目の蛇腹っぷりに芋虫の片鱗が見て取れる。デザイン画を見ても初稿から決定稿まで大きな変化は見られない。しいて言えば、背中の一際大きな突起と尻尾の形状くらいだ。ほぼ最初からこのイメージで固まっていたのであろう。しかし、そんな大きな芋虫を黄金怪獣として描くのだから面白い。

　ゴルドンはボークスのJr.ウルトラワールドに続いて二度目の製作となった。向こうは17cmサイズ、こちらの吉野屋徳兵衛版はというと……30cmを有に越えている。デカいし重たいし、並べて見るとまるで幼虫と成虫である。原型は橋本智氏。かつて高垣氏とおまんたワールドを結成し、怪獣からアニメキャラの立体物まで幅広い作品で僕等を驚かせてきた。現在は痛快娯楽劇場という新たなブランドを立ち上げて、ますます旺盛な造形魂を発揮し続けている。

　そんなゴルドンの魅力を合成写真でどう表現するか？　考えた末に見つけた法則が、ギラドラスとの対である。向こうはウルトラ警備隊の超兵器と、こちらは科学特捜隊の超兵器でという具合だ。マグマライザーとベルシダー、地底戦車はその巨大なドリルゆえ、大きな子供達の心を今なお捉えて離さない。ゴルドンと並走するベルシダーを見て、パッと心が燃え上がったあなた。この写真はそんなあなたに贈る夢の一枚です。

**DATA**
登場話／第29話 『地底への挑戦』
発売元／吉野屋徳兵衛
全高／270mm　重量／2000g
全パーツ数／17点　材質／ウレタン樹脂
付属品／なし
原型製作／橋本 智

047

| ウルトラマン | 伝説怪獣 ウー |

# WOO

## ウルトラGK最後の一級品

　上記した言葉は僕が浅川氏に伝えたものだ。最後の一級品とはもちろんウーのことを指している。誰が30cmサイズで毛の塊であるウーを作るのか。これには大いに興味があった。村田氏は以前、ボークスJr.でウーを作ったことがあり、先ごろ、若くして鬼籍に入られたアトラゴン宮崎氏からも、ウーの作りかけを見せてもらったことがある。僕が知らないだけで、名立たる原型師達がウーをものにしようと格闘されていた筈だ。その中でも自身のブランドであるアレイドで、ウルトラマンの怪獣をすべて立体化すると明言された浅川さんは、このチャレンジに一番近い存在であるように感じていた。やがて、それは現実のものとなった。人々の前に驚愕のウーが現れたのだ。kaz氏の言葉を借りれば、「もうさ、この初代のシリーズ作っちゃうと他のウルトラガレキなんか作れなくなっちゃうよ、マジで。なんて罪作りなディーラー様なのでしょうか、この浅川さんという方は（汗）」ということになる。この気持ちはよく分かる。それくらい目の前に現れたウーの造形は素晴らしいものだった。粘土で毛の表現をする。およそ相容れない二つの要素を一つの形にしてみせる。現在の原型師において毛の表現の達人といえば、ダイモス村上寛氏をおいて他にはないだろう。村上氏が放ったゴローやゴーロン星人は、掴んだ時の肌触りに驚かされる。どこを触っても細やかな凸と凹があり、それが全面をうねりながら覆い尽くし、毛並みというものを表現している。いったいどれほどの時間と根気があればこんなことが可能になるのか、ちょっと想像もつかない。だが、浅川氏は粘土を掘って毛並みを見せるという発想から別のところへいった。毛の塊を幾つも造形し、それを組み合わせることで、毛並みのみならず奥行きまでも表現した。ウーの登場はまさに革命だった。浅川洋という希代の原型師と同時期に生まれたことを心より感謝したい。

　「ウー、ウーよう！」人々から雪ん子と揶揄される少女ユキが雪山に向かって呼び掛ける。すると、全身を真っ白な毛で覆われた巨大な怪物が姿を現す。それがまぼろしの雪山に伝わる伝説の怪物、ウーだ。山口氏の作った写真からは、そんなウーの神秘性が伝わってくる。浅川氏の造形、kaz氏の塗装、山口氏の合成があって、モデリングワールドのウーは完成した。この企画がまぼろしとならず、しっかりと地に足が着いた現実を噛みしめたい。

### DATA
登場話／第30話『まぼろしの雪山』
発売元／アス工房 アレイド
　　　　ウルトラマンシリーズ 第五弾
全長／340mm　重量／2200g
全パーツ数／32点　材質／ウレタン樹脂
付属品／なし
原型製作／浅川 洋

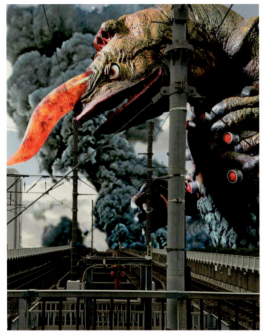

| ウルトラマン | 変身怪獣 ザラガス |

# ZARAGAS
## これぞ電飾の決定版

**DATA**
登場話／第36話『射つな!アラシ』
発売元／アス工房 アレイド
　　　　ウルトラマンシリーズ 第七弾
全高／335mm　重量／2200g
全パーツ数／23点＋140個
材質／ウレタン樹脂　付属品／なし
原型製作／浅川 洋

　いつの頃からか怪獣ガレージキット界にも本格的な電飾の風が吹き出しました。目が光るのはもはや当たり前のことであり、ザンボラーの背中、バルタン星人の鋏、ゼットンの口元や胸元など、形だけでなく輝きまでもが求められるようになりました。いや、待てよ、ユーザーが求めているというのはちょっと違うかもしれません。むしろ原型師自らが拘りまくって楽しんでいるようにも感じます。その決定的なキットがこれ、アス工房のザラガスです。ご存じの通り、ザラガスの武器は6000万カンデラのフラッシュ。三カ所の甲羅が外れてズラリと並んだ発光機がランダムに光ると、さしものウルトラマンですら視力を失うほどです。浅川洋氏はそんな強敵ザラガスを、造形だけでなく輝きまでも再現しようとトライしたのです。頭部2、目2、胸部10、背中121、合計136ヶ所。LEDによる実際の映像と同じ五段階発光システム。もはやこれはガレージキットではありません。電化製品の内部ですよ。こんなものを作るなんてはっきりいって狂人です。だが、これを挑戦と受け取って立ち向かうユーザーも世の中にはいます。そう、kaz氏です。製作した本人以外、完成は不可能ではないのかという大方の意見を覆し、見事に五段階発光をやってのけました。ババッと光り輝く様は美しく、クリスマスのイルミネーションを眺めているようです。いや、それだけではありません。kaz氏はザラガスの変身前と変身後では異なるお腹の色を発見しました。ご存じでした、皆さん？　変身前はお腹が赤色、変身した後は若草色のような緑色に変わるんです。ちなみに僕はまったく気づいておりませんでした。モデラー界の巨人横山宏氏が、ある時、優れた表現者についてこんなことを言っておられました。
　「子供と一緒で好きなものは骨まで見る。純真な観察眼です」
濁った目では決して捉えられないもの。成し得ない表現。浅川氏とkaz氏を見ていると、好きなものをとことん真っ直ぐに見つめることの大切さをあらためて教えられます。でもこれは表向きの発言。本音はこの二人には呆れてものが言えません……（苦笑）。
　合成担当の山口氏もザラガスは好きなんでしょうね、ノッて作品が作られております。ジェットビートルを狙うザラガスの不敵な面構え、工場地帯と線路のカットでは上記した通りお腹の色が異なるバージョンを使用。レッドキングとの絡みは僕のリクエストです。本来ならばこの写真、こちら向きのレッドキングがメインになる筈ですが、ザラガスのフラッシュがあまりに美しく、背中をメインとすることに決めました。

<small>ウルトラマン　怪獣酋長 ジェロニモン</small>

# GERONIMON

## 「酋長怪獣」ではなく「怪獣酋長」なのだ

　上記の通り、僕はここにジェロニモンのプライドを見た。「他とは違うのだよ、他とは！」という気概が存分に感じられる。科学特捜隊とウルトラマンに葬られた怪獣達を60匹以上復活させ、怪獣総攻撃をかける。こんな圧倒的な計画が出来るのも、「酋長怪獣」ではなく「怪獣酋長」だからに違いないのだ。それにしてもゾクッとするなぁ。この時点で『ウルトラマン』に登場した怪獣・宇宙人は40数体。60匹以上ってことは、僕等が知らない怪獣が他にもいるってことになる。酋長のプライドをかけて、全部を復活させてもらいたかったなぁ。なんでピグモンを復活させたかなぁ。それだけがなんとも悔やまれる。

　僕はねぇ、浅川さんのホームページにジェロニモンの原型がアップされた時のことを、この先もきっと忘れませんよ。ほんとに「おおっ！」と声を上げましたから。自分の目が信じられなかったもんな、これがキットなのかって……。眼光鋭い顔の造形はもちろんのこと、ふっさふさの顎髭と頭に生えた飾り羽があまりにも見事で、一発でノックアウトされました。キットが届いた時なんかもう大変で、箱を開けて中身を見た途端、どうにも我慢できなくなって、すべての仕事を勝手にキャンセル。そこから一週間、一心不乱に作り上げました（関係者の皆さん、ゴメンナサイ。これもう、時効ってことで……）。このジェロニモンからはなんとしても作ってみたい、そう思わせる雰囲気が溢れておりました。とはいえね、作り出してみるとそう簡単には参りません。やはり、圧倒的なモノを作るには、それに見合う、もしくはそれを超えるほどの情熱が必要となるものです。「ヨーイチさん、あなたのガレージキット熱は、どれほどのものですかぁ？」ジェロニモンに問い掛けられながらのマラソン製作となりました。

　皆さん、ご存じですか。「小さな英雄」の準備稿のこと。完成作品のドラコとテレスドンとは違って、復活した怪獣がレッドキングとゴモラと表記されているんです。これはもう、なんとしても再現せねばならんでしょう。ということで、「怪獣酋長」に付き従う名獣二体のシーンを作りました。もしかしたらこんな映像が流れていたのかもしれません。さらに、ジェロニモンの壮大な計画を立証するべく、向こう側にザラガスを配置。怪獣総攻撃、ワクワク感が甦ってきますねぇ。

### DATA
登場話／第37話『小さな英雄』
発売元／アス工房 アレイド
　　　　ウルトラマンシリーズ 第十三弾
全高／420mm（羽根の先端まで）
重量／1600g　全パーツ数／87点
材質／ウレタン樹脂　付属品／なし
原型製作／浅川 洋

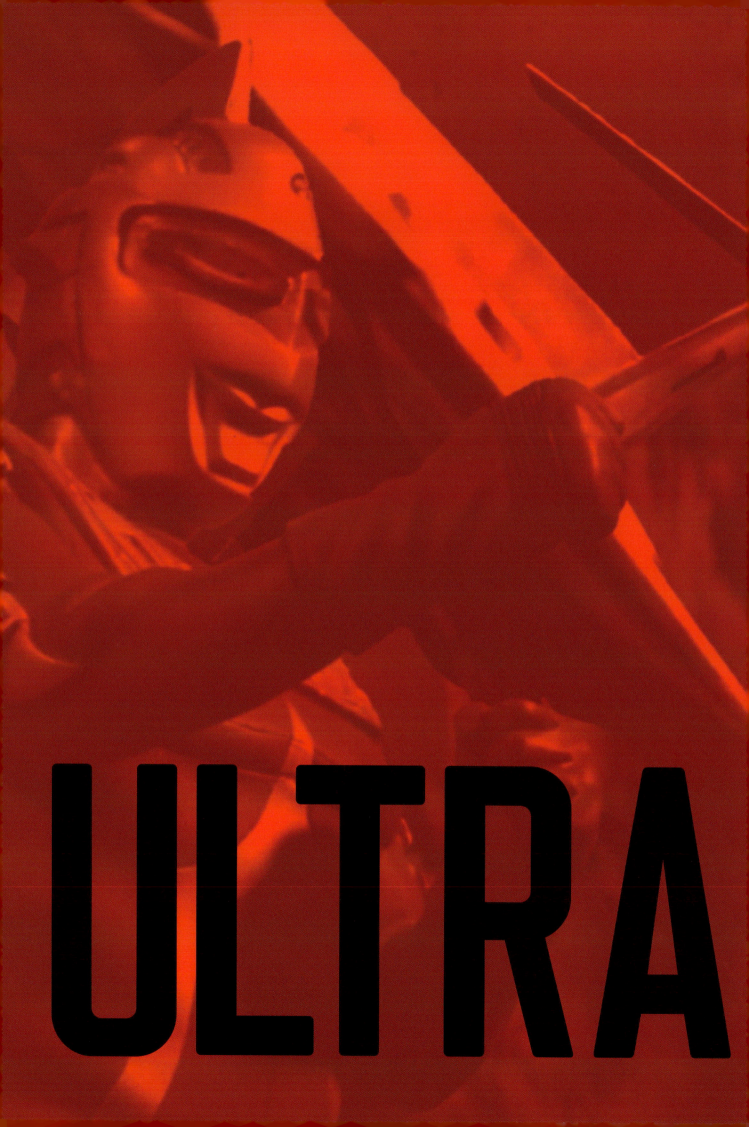

『ウルトラセブン』1967年10月1日〜68年9月8日（49回）

　「空想特撮シリーズ」の第3弾が『ウルトラセブン』です。タケダアワー枠は『ウルトラマン』のあとに東映の『キャプテンウルトラ』をはさみますが、『ウルトラマン』が生み出した巨大ヒーローと怪獣の戦いは子どもたちに忘れがたく、半年でまた円谷プロ・ウルトラマンシリーズが始まりました。M78星雲から恒点観測員340号として地球へ派遣されたウルトラセブンは、登山の事故で自らを犠牲にして仲間を救った薩摩次郎をモデルに姿を変えて、モロボシ・ダンを名乗ります。宇宙の侵略者が地球へ迫ります。ダンは特殊任務に協力した功績でウルトラ警備隊の仲間入りをしました。ダンは地球人として悩み、笑い、仲間とともに戦いました。SF性を強調したのは宇宙からの侵略をテーマにしたためです。異星人と人類の共存は出来ないのか？　イヤその前に人類同士が信頼をしてないんじゃないのか？　いつの間にか人類そのものが侵略者だった？　SFを借りて現実世界の矛盾に迫ります。その背景に、巷間言われるように泥沼化したベトナム戦争への反発や危惧があったのは間違いないでしょう。国内から米軍機が発進する現状。最終回の「アマギ隊員がピンチなんだよ！」は本当に重い言葉です。『ウルトラマン』の作品世界と同様、金城哲夫は『ウルトラセブン』でも地球は人間ひとりの重さと同等と諭します。『ウルトラセブン』のもう1つの主役はスーパーメカでした。ウルトラホーク1号から3号、マグマライザー、宇宙ステーションV3、ステーションホーク、ハイドランジャー、ポインター。地球防衛軍の極東基地というグローバルな広がりをもつ秘密基地。戦争に反対してこその専守防衛です。成田は「本当の戦争に反対するからこそ、強さへの夢が湧くのかも知れません。平和を望む人間は弱者であっていいはずがないからです」と画集に書いています。守らなければならないものがあるからこそ、ウルトラホークもウルトラセブンも威厳を感じさせるのかもしれません。しかし、総じてシリアスになった『セブン』は視聴率が伸び悩みました。成田亨に代わって池谷仙克（のりよし）が描いたデザインはどれも品が良いのにいかんせん地味です。いやそもそも宇宙人は怪獣に比べて線が細くて子どもに物足りません。玩具も売れなくなりました。結果としてみれば、迷走してあがなった傑作だった気がします。疲れ切ったはずのダンはそれでも笑顔を見せてくれました。いま、明けの明星を見上げれば、ダンの笑顔が浮かびます。『セブン』の世界に、未来へ託した夢が重なります。

# SEVEN

### ウルトラセブン ウルトラセブン
# ULTRASEVEN
## 学究肌のスーパーヒーロー

　恒点観測員340号。それがM78星雲での彼の肩書きだ。地球には宇宙軌道図を作成する為に訪れていた。そんな中、宇宙の侵略者達が地球をターゲットにしていることに気づく。同時に、崖から宙吊りになった仲間の命を救う為、自らの命綱を切った勇気ある地球人の姿を目の当たりにする。この時340号は思った。「今は仕事なんかしてる場合じゃない。この青く美しい星を守ろう」と。その瞬間、340号はウルトラセブンとして、地球の守護神となったのである。ウルトラセブンとアイアンマンは意外と共通点が多いことをご存じだろうか。モロボシ・ダンとトニー・スタークでは性格は正反対といっていいくらい違うが、どちらも理系であり、格闘戦の得意なファイターであり、やがてはウルトラ兄弟の一員となるとこなんかアベンジャーズそのものである。それだけじゃない。変身もそうだ。どちらも同じ装着系タイプであり、変身シーンは見応えがある。アイアンマンは全身を鋼鉄の鎧で武装するのに対し、ウルトラセブンはモロボシ・ダンがウルトラアイを装着した時、目元から顔全体、胸のプロテクター、全身へと変身が移行する。目から火花が散る効果といい、アップになった瞬間妙に目立つ鼻の穴といい、文字表記するのが難しい特有の効果音といい、インパクトは相当なものがある。学究肌のスーパーヒーローは万国共通で存在感が際立つのかもしれない。

　キットはボークス、オリエントヒーローシリーズから。造形はボークスの至宝、圓句昭浩氏。今回作例で使用したキットは改修復刻版である。初版は顔が透明パーツで電飾可能となっていた。今のような電飾が当たり前の時代ではなく、ガレキ黎明期に、である。そういう意味でもボークスは本当にガレージキットの先駆けだったと思う。セブンの塗装を施してくれたのは土井眞一氏だ。マニア諸兄なら周知の事実であろうが、セブンの着ぐるみには四つの異なるタイプがある。土井氏はその中からTYPE-4、もっともポピュラーなセブンで塗装を行っている。出色なのはプロテクターの中に見える薄緑色の凹み。土井氏はテープに色を塗り、それを一枚ずつ凹みに貼り付けている。どうしてそのようなことをしたのかと尋ねたら、「本物もそうしてある」との返事が返ってきた。あらためてセブンの写真を見てみると、確かに凹みにはテープが貼りつけてあり、それがところどころ浮いたり剥がれたりしている。キットにも同じ表現を持ち込むことで、よりリアル感が増すのを狙ったそうだ。

　写真はどうこう説明する必要などないだろう。力強い守護神の姿が存分に伝わる出来だと思う。面白いのはミクロ化したセブンの写真。あえてダリーではなく本物のダニと対峙させてみた。こうやってみるとダニも怪獣と変わらない。とてつもなく禍々しい形をしていて怖ろしい。

**DATA**
登場話／第1話『姿なき挑戦者』から
　　　　第49話『史上最大の侵略(後編)』まで
発売元／ボークス オリエントヒーローシリーズ No.10
全高／310cm
重量／600g(台座込み)
パーツ数／7点
付属品／台座 腕(コンパチ)
材質／ウレタン樹脂
原型師／圓句 昭浩

**ウルトラセブン**　カプセル怪獣 ウインダム

# WINDOM

## 殴られ、狂わされ、壊されて……

　ウルトラセブンがなんらかの理由で変身できない時、携帯しているボックスからカプセルを取り出す。銀色の箱に入った五つのカプセル。その一つを遠くへ投げると、爆発と閃光が辺りを包み、やがて怪獣が現れる。カプセル怪獣の存在を知った時は本気で狂喜したものだ。凄いぞ、セブン！　怪獣を携帯してるなんて、どれだけ強いんだ！　セブンに羨望の眼差しを向けたのは僕だけじゃないはずだ。時を経てもこのシステムはポケモンとして世界中を魅了し続けている。いかにカプセル怪獣の発想が素晴らしかったかという証明だろう。ただ、あえて難を言わせてもらえば……ウインダムはちょっと弱い。しかも災難、いや、受難の存在だ。登場話は全部で三回。第1話のクール星人戦では円盤を撃ち落とすなど奮闘したものの、カナン星人戦では操られて主であるセブンに挑み、こっぴどくお仕置きを受けた。戦い方もひどくマヌケだった。その挙句、ガッツ星人戦では完全に下っ端扱いされ、額の発光部を光線で撃ち抜かれ、瞬殺されてしまった。哀れだ……。

　そんなとっても可哀想なウインダムを威勢のいいポーズで作り上げたのは、おまんたワールドの高垣利信氏。高垣氏は操演系の怪獣や宇宙人が好きだと公言され、タランチュラやグモンガ、ポール星人などの逸品を沢山作られている。しかしながら、実はこうしたかっちり系の作品も素晴らしいものが数多くある。両手を上げたこのポーズ、ウインダムが敵に向かって進撃する時にやるものだ。ポージングはもとより、軟質と硬質の作り分けが見事で、とても味わい深い造形となっている。拘りも随所に溢れており、眼はメタルパーツ製、頬の突起や腕の角度はインストで写真入りで解説、おまけのカプセルには仕上げの際、ニチバンの「マイラップ」がお勧めだと奨励されていたり。ここまできたらもう笑うしかない。

　写真はなるだけウインダムの雄姿を集めてみた。合成担当の山口氏が超兵器好きなもので、ウルトラホーク3号やマグマライザーとの共演が実現している。また、セブンではウルトラマンとの邂逅シーンも作ってみた。宇宙のどこかの星の片隅では、こんなことがあってもいいのだ。最後にナースとの激突。ちょっと苦戦しているようだが、このあとはきっと逆転してくれると信じている。頑張れ、ウインダム！

**DATA**
登場話／第1話『姿なき挑戦者』
　　　　第24話『北へ還れ！』
　　　　第39話『セブン暗殺計画（前編）』
発売元／おまんたワールド
　　　　30cmの悦楽シリーズ 第6弾
全高／360mm
重量／910g
全パーツ数／7点
材質／ウレタン樹脂
付属品／カプセル・メタルパーツ
原型製作／高垣 利信

ウルトラセブン　カプセル怪獣 ミクラス

# MICLAS

## ワールドスタンプブックの1番

　マニアックな話題から突っ込みます。これ、分かる人には分かるでしょう。昭和50年初頭、本屋さんとか駄菓子屋さんなんかで袋とじのスタンプが売られていました。確か一袋50円でスタンプが八枚入り。これを専用の台紙に貼り付けて、怪獣図鑑を完成させるワケです。そりゃもう夢中になりましたよ。ほとんど毎日、本屋さんに通っては袋とじを買ってました。最初の頃はどんどん揃うんですけど、後半になってくると次第にダブりが多くなってくる。やりたくもない家の手伝いをして、ようやくなけなしの50円を貰ったのに、スタンプが全部ダブってた……。なんて地獄のようなこともしばしば起こりました。そこで笑ってるあなたも同じ悪夢が起こりましたね（笑）。さて、ここで小見出しの話題に戻りますが、このスタンプブックはブックと名付けられている通り、形式は本になっています。ただ、どういうわけだか、スタンプの一枚だけは表紙に貼るようになっていました。番号は1番。ウルトラセブンに登場するカプセル怪獣。そう、ミクラスです。1番を引き当てた時は小躍りして喜んだものです。だって、ようやく表紙が表紙としてカッコよく決まるんですから。ですが、事件が起きました。何時の間にかミクラスが消えていたのです。セロハンテープではなく、糊で貼ったのがマズかった。持ち運ぶ時、どこかに剥がれて落ちたようでした。これはもう更なる悪夢です……。大人になってこの話をした際、同じような経験をした人が結構いて驚きました。ミクラス＝表紙＝1番＝紛失。今もミクラスを見ると、このキーワードが頭の片隅に浮かんできます。ウルトラセブンが変身不能な時、代りに怪獣に立ち向かうカプセル怪獣。猪突猛進のブルファイターであり、頼れる味方であり、愛嬌を持ち合わせた存在。それがミクラスです。僕が原作を書いた「S 最後の警官」という作品の主人公神御蔵一號は、このミクラスからリングネームをいただきました。もちろん、円谷プロの許可を得て、です（笑）。

　キットは怪獣無法地帯のモンスタークラシックスより、原型はこの人、村田幸徳氏。この頃の氏の作品群はまるでキラ星のごとき傑作が溢れています。ミクラスもポージングといい、バランスといい、細部の質感といい文句の付けようがありません。間違いなく村田氏の放った傑作の一つだと思います。

　もちろん写真もミクラスの魅力が伝わるように選りすぐりました。溶岩をバックにそびえ立つミクラスは決まってます。ですが、最大の魅力は敵と相見えた時でしょう。宿敵ガンダーとの一戦は血沸き肉踊ります。面白い組み合わせになったのが対ワイアール星人戦。猛然とバックドロップをかますミクラスは頼り甲斐があります。

**DATA**
登場話／第3話『湖のひみつ』
　　　　第25話『零下140度の対決』
発売元／怪獣無法地帯 Monster Classics No.19
全高／285mm
重量／1600g
全パーツ数／13点
材質／ウレタン樹脂
付属品／なし
原型製作／村田 幸徳

ウルトラセブン　生物X ワイアール星人

# ALIEN WAIELL

## トップクラスの難易度

　この際はっきり言わせていただく。ワイアール星人をガレージキットにしようと思う発想、それ自体がおかしい。でも、さらに被せて言わせていただく。果敢にチャレンジしていただき、本当にありがとう。63パーツからなる脅威のワイアール星人。こんな狂った造形を生み出せるのは、やはり橋本智氏だ。作るにしろ、塗るにしろ、難易度の高さにおいてはトップクラスだと思う。一見無謀とも思える孤高のチャレンジ精神が原型師に宿らなければ、ワイアール星人は形となって永遠に姿を現すことはなかった。まさに無いものは作ってしまえのガレキ精神そのものである。それにしてもこのキット、どんな風に解析して作り上げたのだろう。写真資料と映像を穴が開くほど見返す以外に方法がないと思うのだが、当然、見えない部分もある筈だ。無数の突起が折り重なるようにして形を成すワイアール星人の全体象を頭に入れ、細部をチェックし、見えない部分は脳内でイメージを繋いでいったということなのだろうか。今、あらためて完成品を目の前にしても、素直に驚きを禁じ得ない。それほどまでに圧倒的な迫力を放つ造形物である。

　塗装はkaz氏の手によるものだ。この複雑怪奇な形状を完璧に組み上げ、一つの立体物とすることに成功している。塗装はどんな風に施していったんだろう。組み上げて接着してしまうと、筆が届かない場所が出てくる。こちらもまた頭の中で計算しながら、パテを埋め込み、塗装をするという難解な作業が繰り返されていると思う。とはいえ、さすがのkaz氏もワイアール星人の胴体に取り付けられた鏡の表現には苦労したようだ。そう、ワイアール星人は身体の全面に鏡が仕込まれている。元々、デザイン上では穴が開いて向こうが見通せるようになっていたそうだが、高山良作氏は鏡を使うことで同じような効果を狙ったそうだ。kaz氏は考えた末、ハセガワから発売されている鏡面シールを窪みに貼り付け、同様の効果を引き出してしまった。光が当たるとキラッキラッと輝くワイアール星人は、まさに劇中のものと寸分違わない。これからワイアール星人にチャレンジするぞという豪快なあなた、ぜひともこのことをご参考に。

　山口氏もまた、素晴らしい解釈の写真を作り出した。森の中を歩くワイアール星人がそうだ。その周りには無数の鳥が溢れている。その様子を見た時、ダイダラボッチだと思った。その感じは僕だけでなく、この本に携わっているメンバーも同様だった。この本は面白くなる。そう確信を持った瞬間がこの写真を見た時だ。山口氏が紡ぎ出した傑作ショットの一つだと思っている。

**DATA**
登場話／第2話『緑の恐怖』
発売元／おまんたワールド
　　　　悦楽シリーズ第10弾
全高／350mm
重量／1400g(台座込み)
パーツ数／63点　付属品／なし
材質／ウレタン樹脂
原型師／橋本 智

063

ウルトラセブン　反重力宇宙人　ゴドラ星人

# ALIEN GODOLA

## 科学用語（っぽいのも含めて）の魅力

　子供の頃、タイトルと名前と別名をノートに記したことがある人は、かなりの数に上るのではないだろうか。その際、別名って不思議な魅力があった。そもそも別名とはなんだろう。辞書で調べると、【正式な読み方以外の名称　異名】とある。では、異名とは何か。（いみょう）または（いめい）と読む。正式な名前に対しての俗称や通称、いわば、あだ名みたいなものだ。そして、もう一つの意味は学名。つまり、僕等が惹かれていた別名は怪獣や宇宙人の学名なのだ。そこでゴドラ星人に戻ろう。別名、反重力宇宙人。反重力……。よくは分からないが、とてつもない能力なんだろうというイメージは浮かぶ。当時はSNSなんてなかったから、調べるのはもっぱら百科事典だった。分厚い辞典を引っ張り出して、「は」の項目を探していく。やがて行き当たった箇所を、じっくりと読むと――【物質・物体にかかる重力を無効にしたり、調節したりする架空の技術】とある。そう、反重力は架空の技術なのだ。しかし、ゴドラ星人にはそれが可能なのだ。人間に出来ないことが出来るということは、何倍も優れているという証拠。そこであらためてゴドラ星人の姿形を眺めてみる。一列に並んだ眼鏡のような目、両手はバルタン星人のようなハサミ、赤いちゃんちゃんこを着ているような奇妙なスタイル。でももう、頭の中には反重力が刻まれている。ゴドラ星人を見る少年の顔には、羨望の眼差しが浮かんでいるのだ。

　怪獣無法地帯がモンスタークラシックスと銘打ち、30cmを統一サイズとして世に放った第一弾がこのゴドラ星人だった。なぜ、数あるウルトラ怪獣の中からシリーズの行方を左右するトップバッターにゴドラ星人が選ばれたのか、本当のところは分からない。もしかすると原型の川岸敬厳氏も、すっかり反重力という別名の虜になっていたのかもしれない。

　写真も文句なしに素晴らしいものが仕上がった。バルタン星人とのツーショットはこれまでありそうで無かったものだ。並べてみると、両手にハサミを持つ宇宙人同士ながら、また一味違う奥の深いデザイン性を感じてしまう。地球を危機に陥れた宇宙人達の会議は金城哲夫氏の本からインスパイアされた。かつては文字と画、それが今はキットと写真で再現できる。実に面白い時代になったものだ。やがては反重力という技術も可能になる日が来るのかもしれない。

**DATA**
登場話／第4話『マックス号応答せよ』
発売元／怪獣無法地帯 Monster Classics No.1
全高／30cm　重量／500g　パーツ数／3点
付属品／なし　材質／ウレタン樹脂
原型師／川岸　敬厳

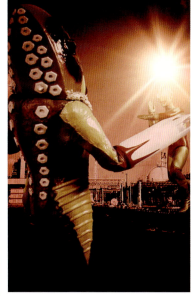

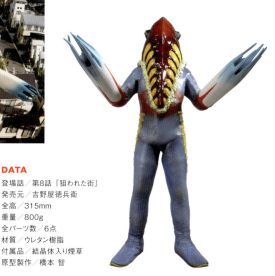

ウルトラセブン　幻覚宇宙人 メトロン星人

# ALIEN METRON

## 派手な原色は危険な香り

**DATA**
登場話／第8話『狙われた街』
発売元／吉野屋徳兵衛
全高／315mm
重量／800g
全パーツ数／6点
材質／ウレタン樹脂
付属品／結晶体入り煙草
原型製作／橋本 智

　魚顔の宇宙人とくれば、『スター・ウォーズ』のアクバー提督を連想する人も多いだろう。デザインの方向は同じだと思う。いかに人型に魚の顔を馴染ませるかということだ。ただ、アクバー提督があくまでも単色の魚顔であったのに対し、メトロン星人は魚のようでもあり、バナナのような刀のような、ツルリとして細長い顔をしていらっしゃる。色味も赤に黄色と実に派手好み。黄色い部分は点滅すらしてしまうというアピールぶりだ。何を考えているのか、その表情から読み取ることは難しい。しかも実にスマートなお声で喋られるし、話し振りも紳士的で丁寧ときてる。なんかとても素敵な宇宙人なのかなぁと思いきや、やることは実にえげつない。煙草の中に幻覚作用を引き起こす赤い結晶体を忍ばせ、人間同士を争わせて信頼関係を破壊し、自滅させる。まるでテロリストだ。やっぱり赤と黄色は「止まれ」に「注意」、これは万国共通のことなのかもしれない。

　そんな知的で狡猾なメトロン星人を作ったのは吉野屋徳兵衛、原型は橋本智氏だ。後ろに反り返り気味のメトロン星人がバランスよくまとめられている。だが、百戦錬磨の橋本造形、それくらいで終わる筈もなく、今回のビックリポイントは首の後ろに二ヶ所の突起が付いているという部分。確かに映像でも見てとれるが、これまでのキットに再現はされていなかったように思う。僕が作ったボークスJr.にもこのような突起は見当たらなかった。それからもう一つ。オマケの煙草だ。赤い結晶仕込みの煙草がなんと1／1サイズで再現されている。作る方も作る方だが、これを丁寧に塗る方も塗る方だ。そんな塗装をするのはもちろんこの人、kaz氏。煙草はもちろんのこと、メトロン星人本体も考証の結果、映像とスチールとに色の差が結構あるので、スチール寄りに塗ったのこと。赤に青に黄色に白はどれ一つ取っても思いっきり主張する色なので、相当神経を使う。しかも、微妙なコントラストまで計算づくめで再現されている。僕が驚かされたのはブーツの底の表現。皆さん、メトロン星人のブーツの底って黄色だって知ってました？　つくづくkaz氏は対象を見ていると感心させられる。

　写真の方だが、最初に出てきた一枚が絵画のような作品だった。山口氏曰く、メトロン星人が結晶体をばら撒く売人に指示を与えているイメージで作ったとのこと。ド派手な宇宙人がこんな煤けた色味で仕上がってくるなんて想像もしていなかったので、これには大層驚いた。同時に魅かれもした。だが、そこからがかなり難しかったのも事実。メトロン星人を実景の中にポンと放り込むと、派手な色味が邪魔をして嘘くさくなってしまうのだ。正直、苦労した。僕の指示も今一つで山口氏に迷惑をかけてしまった。機会があればもう一度トライしてみたい。

ウルトラセブン 宇宙竜 ナース

# NURSE

## 生き物であり乗り物である

**DATA**
登場話／第11話『魔の山へ飛べ』
発売元／痛快娯楽劇場
全長／1200mm 重量／1000 全パーツ数／55点
材質／ウレタン樹脂 付属品／ナース円盤型二種類
原型製作／橋本 智

　以前より出るぞ出るぞとウワサだけは聞いていた。だが、いつも空振り続き。もう無理なのかもと諦めかけていた頃、ついに吉報が届いた。目の前に現れたナースはこちらの想像を遥かに凌ぐ、圧倒的な造形だった。とはいえ、これまた日本の住宅事情を完璧に無視したものであり、全長は1mを遥かに超えている。身体をうねらせ、手足を伸ばし、長い首をもたげて睨みを利かす黄金竜の雄姿は荘厳だ。ブランド名の通り、まさしく痛快極まりない。マンダの時もあまりの大きさにぶっ飛んだものだが、ナースはそれ以上のインパクトがある。こんな人を食ったような作品を創るのは、やっぱり橋本智氏をおいて他にはいない。しかも、ただ驚かせるだけでなく、本当にカッコいいのだ。細部にまで拘られた造形はインストを見ても一目瞭然である。口の中や身体に付いた突起の本数や位置をきちんと検証し、分かりやすく図解してある。この図解もまた橋本氏自ら手掛けており、造形だけでなく絵心まで備えられていることが十分に伝わる。そんな橋本氏の心意気はkaz氏にも伝染したようで、ナースの目をクリアレジンに置き換え、LEDでバッチリ光らせている。本人曰く、「後頭部にあるナットビスをスイッチにするというかなり大変な改造。頭部だけに電飾、電源、スイッチすべてを組み込んでます、どうだ！」とのこと。気合いがビンビン伝わってくる（笑）。尚、橋本氏はこの他にナース円盤型を2タイプも作ってしまった。顔の向きや尻尾の違いまでを完璧に再現してある。もちろんkaz氏もそれに応えるようにネオジウム磁石を仕込み、ストレスなく両者を取り変えるよう仕上げている。最後にもう一度言うが、創る方も塗る方も相当人を食っている。

　ナースはロボットであり、竜型にもなれば円盤型にも変形してワイルド星人の宇宙船としても使用されるという優れものだ。ナースの身体の中にはベッドルームやらシャワー室やらキッチンがあるのだろうか。そう考えるととても妙な怪獣である。しかも、劇中での動きは贔屓目に見てもお粗末だった。身体を吊ったピアノ線は思いっきり見えているし、龍を思わせるような優雅な動きには程遠く、まるでピョンピョンとカエルが跳ねるような操演であった。だが、そこは山口氏だ。モデリングワールドの心意気、本来スタッフが表現したかったであろうナースの躍動感を見せつけてくれている。どうですこのうねり、このスピード感。ウルトラ警備隊の超兵器群とぶつかっても遜色ないと思う。街の上空に浮かぶ円盤型のナースなんて、実に美しいではありませんか。半世紀を経てこんなシーンを作れることに心底喜びを感じてしまう。

| ウルトラセブン | 核怪獣 ギラドラス |

# GIRA DORUS

## 地震源X。
## その名の通り、顔が×だ

　いやいや、顔が悪いっていってるワケじゃありませんよ。ギラドラスの顔ってちゃんと「×」っていうのをイメージして作られてるんだなって話です。しかもこの姿、最近話題になった何かに似てると思いませんか？　そう、『シン・ゴジラ』です。手がなくて、後ろ足でずりずりと進むシルエットが重なってみえます。後で触れますが、合成写真の一枚も『シン・ゴジラ』を意識して作られています。ギラドラスの上半身を地面すれすれまで倒すと、見知っている印象とはかなり異なってみえるという実験です。それにしても正座した形態というのは珍しいですね。ざっと思い返してみても、アイロス星人やヤドカリンなど数えるほどしか浮かびません。正座は動きが制限されるから格闘戦には不向きです。セブンも闘っているというより、わざわざこちらから絡みに行ってあげているといった感じでした。そういやギラドラスのNGデザイン、甲狼というものをご存じですか？　キャストというメーカーさんからガレージキットも出ております。デザインは動物よりむしろ昆虫に近く、驚いたことにフェンシングの剣のような手があります。操演の理由からNGになったと伝えられていますが、素人目には手のないギラドラスの方がよほど手間が掛かるのではないか思うんですけどね。真相はどうなんでしょう。

　そんなギラドラスを30cmサイズで造形したのがご夫婦ディーラー、かなめみおの森下要氏です。怪々大行進というシリーズで沢山の怪獣や怪人を発表されている要さん、そんな数ある造形物の中でも、このギラドラスはベスト3に入る傑作だと勝手に決め込んでおります。ぺしゃんこに潰れた胴体、全身を埋め尽くす無数のウロコ、特徴的な上目使いの顔も完璧に再現されております。だが、そんなことが吹っ飛ぶくらいデカいんです。しかも、ムクの塊なんで激しく重い。おまけに背中の透明パーツの接着ポイントが分かり辛い。作るのはかなりの難敵だといえます。でもね、そこがガレキの面白いところ。マゾっけ丸出しで嬉々として製作に励みました。

　ギラドラスの写真に超兵器って画になりますよね。アオリで作られているので顔はまるっきり分かりません。顔が見えないのに、作品にO.K出すとか、普通はありえませんよ。でも、ギラドラスの場合はその方が迫力が増すんです。上記した『シン・ゴジラ』っぽいギラドラス、こうしてしっかり顔が見えると、なんか別物に見えてくるでしょう。体型も不思議ならアピールポイントも不思議、どこまでも変わった怪獣です。ウルトニウムなんて変わったもん食ってるからかもな。

**DATA**
登場話／第20話『地震源Xを倒せ』
発売元／かなめみお
怪々大行進シリーズ No.028
全高／220mm　重量／2600g
パーツ数／35点　付属品／なし
材質／ウレタン樹脂
原型師／森下 要

ウルトラセブン　凍結怪獣 ガンダー

# GANDAR

## 怪獣は宇宙人の脇役なのか？

　『ウルトラQ』の製作途中に大きな方針転換が行われた。円谷英二監修という事実を最大限に活かす為、ここからはより怪獣をメインに据えること。この決定によりウルトラQから続々と名怪獣が生まれ始める。その流れは『ウルトラマン』でさらに加速する。怪獣は主役。そんな揺ぎ無い流れが出来上がる。だが、続く『ウルトラセブン』ではこの図式が変化した。怪獣は操られる存在となった。宇宙人の僕、先兵として地球に送り込まれる。要するに脇役である。このガンダーもそうだ。過去に二度、地球を氷漬けにしたと豪語するポール星人。身長33cm、体重1kgの宇宙人にどれほどの力があるのかは分からないが、ウルトラ警備隊極東基地をマイナス140度の冷凍光線で氷漬けにして、機能不全に陥れた恐るべき宇宙怪獣はポール星人の意のままだ。どうして巨大な怪獣が宇宙人ごときに操られるのか、当時の自分にはどうしても腑に落ちなかった。いや、怪獣大好きな者にとっては、この流れがイヤでイヤで仕方がなかったのだ。力はあっても賢くない奴は風下に回される。主役だった怪獣のなんと切ないことか……。僕が『セブン』にのめり込めない理由はこんなところにある。

　冷凍光線の代わりに文句を吐き出したが、ガンダーの造形に不満があるわけじゃない。顔はどことなくひょうきんであり、飛び出した目やがまぐちのような大きな口は愛嬌がある。大きく肩の張り出した上半身は、おそらく裃あたりがヒントだろう。この特異なセンスが成田亨であり、高山良策なのは言うまでもない。キットは怪獣無法地帯のモンスタークラシックスから。この頃の怪無クラシックスは他に敵なしの無双状態であり、実際のところ、年に数体発売される造形物はどれも素晴らしい出来映えだった。ガンダーの造形は村田幸徳氏だ。放射状に入ったライン、蛇腹の手足、胸の突起はメタルパーツで再現するといった手の入れようで、ガンダーの魅力を最大限に引き出している。インストにも触れられているが、メタルパーツを埋め込む胸のガイドの穴はほとんどが埋まってしまっており、ピンバイスで穴を開けるのは苦労する。これから作る人は頑張ってトライしてほしい。

　写真は面白いバリエーションになった。雨降りしきる中、戦車の前で咆哮するガンダーは安定のカッコ良さとして、ウルトラホーク1号＆3号との引き画の攻防や、深い霧の中から飛び出した顔のアップなど、山口氏のセンスが一段上がったと感じられる作品になった。ウーとの対峙はモデリーングワールドならではのお約束。寒さを得意とする二大怪獣夢の競演である。繰り返しになるが、やっぱり怪獣は主役でいてほしい。

### DATA
登場話／第25話 『零下140度の対決』
発売元／怪獣無法地帯 Monster Classics No.12
全高／335mm
重量／1500g（台座込み）
全パーツ数／11点
材質／ウレタン樹脂
付属品／メタルパーツ
原型製作／村田 幸徳

ウルトラセブン　再生怪獣 ギエロン星獣

# STARBEM GYERON

## 私、怒ってます

　怒りという感情をカタチにしたらこうなった。ギエロン星獣はそんなふうに見える。何の前触れもなく住んでいる星にミサイルを撃ち込まれ、故郷を木端微塵に破壊され、自分も放射能まみれにされたのだ。そりゃ怒る。怒って当然だ。怒髪天だ。それにしても、怒りを表現する上でこんなにも猛禽類の顔があてはまるとは思わなかった。オオカミやトラやライオンなど、他にも猛々しい顔ならいくらでもある。なのに、あえて猛禽類をモチーフにする。やっぱり成田さんって凄いと思う。それともう一つ、ギエロン星獣の頭や翼にある金属のプレートのようなライン。光に当たると、時折ギラッギラッと光る。まるで刃物のようだ。なんだか鞘に収まりきれない人切りのようで、極めて危険な感じが伝わってくる。これも狙ってやったのだろうか……。多分、そうだろう。あらためて発想の天才だと感じると同時に、ギエロン星獣は物語とデザインと造形が見事に噛み合って生まれた名獣だと思う。

　キットはボークス、オリエントヒーローシリーズから。原型は現在も活躍中の高垣利信氏。ギエロン星獣は高垣氏が大学時代に放った渾身の逸品であり、今も尚、多くの人の心を捉えて離さない。見てもらえば分かると思うが、すっくと二本足で立ち、両の翼を大きく広げ、上向いて咆哮する姿は神々しさすら感じる。間違いなく名作キットだ。高垣氏はガレージキットメーカーで数々の名作を連打した「怪獣無法地帯」の創始者であり、ボークスやパラダイス、オーバーグラウンドといった他社ブランドでも精力的に原型を発表されてきた。僕は個人的にも親しくさせてもらっており、いろんな話をしたり、原型を見せていただいたりしている。その人柄は朴訥としていて姿もどこか仙人のようであり、原型を製作する姿勢もまた深く、強く、情熱的だ。だからなのか、高垣氏とギエロン星獣が僕にはどこか重なってみえるのだ。

　……などと饒舌に語っていたら、文字数が残り少なくなってきた。合成写真もまた、ギエロン星獣の孤独や怒りを表現したものになった。荒れ果てた大地にそびえ立つ姿や、月に向かって吠える姿はその際たるものだろう。セブンと絡ませると、どうしても翼をもぎ取られ、アイスラッガーで喉笛を切り裂かれるシーンが思い浮かぶので、ナシ。ここではギエロン星獣の雄々しい姿を記憶に留めておきたい。

**DATA**
登場話／第26話『超兵器R1号』
発売元／ボークス オリエントヒーローシリーズ No.37
全高／310mm　重量／1720g　パーツ数／10点
付属品／なし　原型師／高垣 利信

ウルトラセブン　分身宇宙人 ガッツ星人

# ALIEN GUTS

## おちょぼ口なのに
## デカい口を叩く

　自ら「いかなる戦いにも負けたことのない、無敵のガッツ星人」と仰います。実に大言壮語じゃありませんか。YJで連載中の『キングダム』ってマンガ、読んだことありますか。無敵の六将、怪鳥王騎将軍でさえ破れましたよ。いかなる戦いも負けないなんてことは有り得ません。え、まずは剛力怪獣アロンを使っての戦力の分析ですか。なかなか用意周到ですね。アロンっておたくの何なんです。ペ……、ペットすか。へぇ、なんか物凄いもん、飼ってらっしゃるんですなぁ。あ、ほら、やられてしまいましたよ。計算済み。ふぅん、強がりにしか聞こえませんけどね。今度はウインダムが出てきましたよ。よく見るとウインダムもあなたと同じ鳥顔ですね、なんか親近感湧いたりして。バーン！　え、瞬殺!?　ウインダム死んじゃった……。ほらほら、そんなめちゃくちゃするから怒ってウルトラセブン登場ですよ。言わんこっちゃない。謝ってとっとと星に帰った方がよかないですか。帰らない？　地球人を降伏させるのは、心のよりどころになっているセブンを倒すのが近道だ？　そんなこと簡単に出来るわけが……わけが……。セブンが磔にされた……。神様、仏様、無敵のガッツ星人様、お見それいたしました。なんてね、どうでしょう、ガッツ星人の無双な感じ、伝わりましたか。最初はもう少し違うアプローチで書こうとしてたんですが、指が勝手に走ってしまいました。これだけの枚数のテキストを書いていると、時に暴走が止められなくなったりします。これもガッツ効果なのかもしれません。

　さて、酉年にピッタリのガッツ星人です。キットはかなめみおの怪々大行進シリーズより。原型は毎年コンスタントに作品を発表され続けている森下要氏です。なんの奇をてらったポーズでもない、いつもの、当たり前のガッツ星人の佇まい。でもね、これがいいんです。ほんとにガッツ星人といえばこのポーズですよ。森下氏曰く、当初は頭のピーコック模様にモールドを入れようと考えられていたようですが、さすがに再現は難しかったみたい。なんせ塗装の魔術師kaz氏ですら、自分の塗装に満足していないという模様ですからね。もう一度塗る機会があればチャレンジしたいと言われていたので、ガッツ星人をお持ちの方はお問い合わせしてみてはいかがでしょうか。

　写真もどれもいいですね、ガッツ星人の存在感が存分に溢れています。こうして合成してみると、あらためてデザイン的にもユニークだったんだと気づかされました。別名通り、二体に分身してセブンと向かい合うカットもいいですが、僕のお気に入りはこちら、横倒しになったウインダムを眺めているガッツ星人の姿です。自信たっぷりの背中を見ていると、あらためて無敵のガッツ星人の実力を思い知らされます。

**DATA**
登場話／第39話『セブン暗殺計画（前編）』
　　　　第40話『セブン暗殺計画（後編）』
発売元／かなめみお 怪々大行進シリーズ No.016
全高／320mm　重量／800g　全パーツ数／6点
材質／ウレタン樹脂　付属品／なし　原型製作／森下 要

『帰ってきたウルトラマン』1971年4月2日〜72年3月31日（51回）

　『ウルトラセブン』の終了と共に怪獣ブームは終焉しました。視聴率の低迷から新作を作れない円谷プロはショーを中心に活動しつつ、69年に後楽園ゆうえんちで360度全周スクリーンを使った『ウルトラマン・ウルトラセブン モーレツ大怪獣戦』を公開します。時代は、大阪で開催される万国博覧会に向けて特撮や美術が総動員されていた頃です。円谷英二は東宝での後任を有川貞昌に譲ります。最後の怪獣映画のつもりだった『怪獣総進撃』（68年）が当たった事で、博覧会映像のためのマルチスクリーンと怪獣を結びつけたのが『モーレツ』だったのです。三菱未来館に関わっていた円谷英二は、自社プロの企画に前作の続編に当たる『帰ってきたウルトラマン』を検討させます。かつての怪獣ブームを取り戻そうと言う動きはメディアからも発信されました。小学館の学年誌をはじめとする出版、ブルマァクの玩具など。70年、英二逝去。特撮界の巨星が墜ちました。その年、円谷プロはマン、セブンの格闘場面の編集版と縫いぐるみ新撮版の二本柱で構成された五分番組『ウルトラファイト』を製作。子どもたちの話題が高まっていきました。そうした背景でTBSは金曜の夜7時に「帰ってきたウルトラマン」を製作、放映します。怪獣やメカのデザインは池谷仙克、高橋（井口）昭彦、熊谷健らが担当。ウルトラマンは初代の意匠を時代に合わせてリメイクしました。銀を引き立たせる赤の二重線で美しさと躍動感を見せました。『巨人の星』『あしたのジョー』『柔道一直線』などのスポーツ根性路線が流行ったため、新マンも、その美しい銀色が泥だらけになります。前のブームで怪獣の魅力に重きを置いて成功させたTBSの栫井巍に代わって「ウルトラセブン」中途から入った橋本洋二プロデューサーが、ここでも人間ドラマにこだわりをもたせました。戦いと葛藤、特訓、苦悩し成長していく郷秀樹の姿は、まさに人間ウルトラマンそのもの。ただ残念な事に、重厚なドラマに反し、怪獣の魅力が希薄になってしまった。とくに開米プロの造形が、木馬座に出て来るようなくりっとした眼が多く、出来にムラがありました。この年の『宇宙猿人ゴリ』（後に改題『スペクトルマン』）、『仮面ライダー』、『シルバー仮面』などが『帰ってきたウルトラマン』のライバルでした。第2次怪獣ブームは、別名変身ブームと呼ばれます。怪獣から怪人へ子どもの関心は移っていきました。粗製濫造は確かにあったでしょう。しかしいま思います。次郎くんが最終回で郷へ伝えた〈ウルトラ5つの誓い〉。ぼくらが大人になった現在、本当に名場面と感じます。ひとりひとりが次郎くんだったのでした。ピンチの新マンに、郷さんガンバレ！と声が出そうです。

# RETURN OF AMAN

**DATA**
登場話／第1話『怪獣総進撃』から
第51話『ウルトラ5つの誓い』まで
発売元／アス工房 アレイド マーミット
リアルソフビ レジン版 第二弾
全長／310mm 重量／500g
全パーツ数／10点 材質／ウレタン樹脂
付属品／なし
原型製作／浅川 洋

帰ってきたウルトラマン　帰ってきたウルトラマン

# RETURN OF ULTRAMAN
## 昔の名前で出ています

　最近ではジャックという呼び名があるそうだが、すみません。オジサンには抵抗があります。ここはオリジナルのまま、帰ってきたウルトラマン及び新マンと呼びならわせていただきます。僕にとってウルトラマンの原体験は新マンです。君にも見えるウルトラの星を信じ、空を見上げて星を眺める少年でした。数年前、友人である俳優の伊藤英明から電話があった時のことです。「よう、久し振り」なんて他愛のない会話を続けたあと、「小森さん、ウルトラマン好きでしたよね」という唐突な呼び掛けに戸惑いました。何でまた、そんな話なんだ？　そう思ったのも束の間、「初めまして」と渋い声が耳元に響きました。なんと相手は団次郎（現、次朗）さんでした。わ、郷さんだ！　と思ったらもうダメでしたね。舞い上がって何を話したのか、まったく記憶にありません。ただ、郷秀樹とウルトラマンの話をしたという幸福感が今もじんわりと身体に残っています。

　新マンのキットには名作があります。一つはビリケン版ハマハヤオさん作。もう一つはファルシオン版稲田喜秀さん作。どちらも素晴らしい立ち姿であり、憧れの作品でもあります。シンプルで力強く、どちらも本当に美しい。そこにもう一つ、新たな作品が加わりました。アス工房から浅川洋さん作の新マンです。マーミットのリアルソフビをレジンに置き換え、アレイドの第二弾として発表されました。前記した二作とは違い、浅川さんの新マンは腕を十字に交差させたスペシウム光線発射ポーズです。あの日見たままの新マンの姿がそこにあります。ヒーローよりもついつい怪獣に目がいく自分にとって、唯一、ヒーローのカッコ良さに引き戻されるのが新マンなのです。塗装はkaz氏です。ファルシオン版も作っているkaz氏にとって、浅川さんの作品はいろんな比較ができて面白かったようです。HPにある記述では、最初から電飾加工に拘り続けている浅川さんの姿勢を褒めると同時に、今後のガレキ界の展望なども語っておられます。気になる方はぜひ読んでみてください。

　最後に写真の話をします。後に紹介するエースと同様、必殺技のポーズなので縛りが多く、バリエーションが利きません。そんな中、あえて新マンとエースを背中合わせに組み合わせた構図は、山口さんの素晴らしいセンスだと思います。でも、僕としては対テロチルス戦のスピード感溢れる構図がお気に入りです。合成写真はいかようにも想像の翼を広げられるので、皆さんもどんどんチャレンジしてください。

帰ってきたウルトラマン　ヘドロ怪獣 ザザーン

# ZAZARN

## ザザーンの真実

　数多いる怪獣群を押し退けてモデリングワールドにラインナップですよ。ええ、これは奇をてらったワケではなく、最初からそうしようと決めておりました。本の内容が豊かになること以上に、合成写真を見た時の衝撃が大きかったからです。ヘドロ怪獣というまごうことなき汚れ役であり、タッコングの噛ませ犬的役割であり、ハニー・ナイツが唄った「怪獣音頭」の歌詞にも「なんにもできないお人好し」だの「いつも泣いてる弱い奴」だの散々ないわれよう。ウルトラ怪獣史上最も粗末な扱われ方です。しかも未だもってどうしてやられたのか、僕にははっきりと分かっておりません。タッコングに押されて、倒れて、それから……。頭の打ち所が悪かったのでしょうか。以後、二度と起き上がることはありませんでした。しかし、山口氏から届いた海中で大きく両手を広げたザザーンは、自分の記憶の中のしょぼくれた姿とは違い、実に生命力に満ち溢れておりました。そうか、これが真のザザーンの姿なのだ。そう思った瞬間、ザザーンの真実を多くの人に知っていただこうと決めたのです。

　キットはかなめみおの怪々大行進シリーズより、造形はご存じ森下要氏です。以前、ボークスよりJr.サイズでザザーンが発売された時も驚きましたが、今度はなんと30cmサイズでの登場です。森下氏のあくなき攻めの姿勢に喝采を送った人は多いと思います。吟遊詩人が好む三角形の帽子を被ったような形の頭も、凹凸のないズドンとした体型をびっちりと海草が覆っている姿も、タラコのようなピンクの唇も、すべて細部までしっかりと作り込まれております。塗装はkaz氏です。全身を一発抜きで仕上げた森下氏の心意気と、ヒレの一本一本にまで細かいモールドが入っているという職人魂に最大級の敬意を表しつつ、そのモールドを活かす為に黒立ち上げという荒行にも似た手法で塗り上げられています。黒からここまでの豊かな色合いを紡ぎ出すのは至難の技です。造った方からも塗った方からも、ザザーンへの愛を感じることができます。

　今度は山口氏の作った写真に目を向けてみましょう。上記した通り、ザザーンの生き生きとした姿に驚かれることでしょう。特に同族対決とでもいうべきウーとの激闘はとても見応えがあります。色合いといい構図といい、かつての東宝特撮映画の味わいがあります。タッコングだけでなく他の怪獣と組み合わせることでザザーンの魅力を広げることが出来ればと考えたのですが、しめしめ、まんまと上手くいったようです。あなたも今日からザザーンの虜です。

**DATA**
登場話／第1話『怪獣総進撃』
発売元／かなめみお 怪々大行進 No.052
全高／330mm
重量／1600g
全パーツ数　26点
材質／ウレタン樹脂
付属品／なし
原型製作／森下 要

帰ってきたウルトラマン　地底怪獣 デットン

# DETTON

## 変形ゆえの別名

　これまでに改造怪獣の経緯については折に触れて話してきた。その多くは予算削減の為、仕方なく行われた措置であると。だが、スタッフ達はマイナスを逆手に取り、知恵を結集して、時にプラスへと転じさせる。ガボラ、ゲスラ、アボラス……、そうやって幾多の名獣を生み出してきたのだ。素晴らしいプラス思考は何倍もの効果を生む。その事を自ら証明してみせた。まったく頭の下がる思いである。だが、このデットンは違う。プラス思考で生まれた新たな生命ではない。膨らんだ鼻面、窪んだ目元、腫れ上がった身体、小さな手、膨らんだ足。シャープで凛としたテレスドンがアトラクションで使い回され、もはや原型を留めなくなってしまった成れの果ての姿なのである。改造ではなく余りの変形ゆえに別名を与えられて登場した怪獣は、ウルトラ怪獣星の数といえどデットンだけではないだろうか。

　そんな醜悪極まるデットンをなぜ作ろうとするのか。しかも30cmを越えるサイズで。浅川洋氏からデットンを作ることに決めたと聞いた時、正直、いつも通りの嬉しさは込み上げてこなかった。きっとサドラを作ったが為、対決シーンの再現として必要になったのだろう。そんな風に捉えた。もちろん購入はした。ある意味、惰性だったかもしれないが……。だが、箱を開けて中身を見たら、ちょっと違う感情が芽生えた。なんか凄いのだ。デットンを相手に浅川氏が本気になって造形している。逆に言うならば、浅川氏をここまで燃えさせる何かがデットンにはあるのだろうか。それが気になった。インストを読んでさらに驚愕した。前歯4本を別パーツ化。戦いの最中に取れてしまったことを考慮し、凛々しくしたい場合は接着、愛嬌を出したい場合は歯の接合面をパテ埋めするようにと書かれている。なんという拘りだ……。やがて、嬉々としてkaz氏がデットンを完成させた。本心を言おう。いいと思った。黒と茶色が混ざり合ってくたくたになってる感じが絶妙で、まるで生きてる感じがした。歯は植えられて凛々しいバージョンになっている。無性に魅力的に見えた。デットンに対する自分の印象の変化に戸惑うほどに……。

　極め付けは山口氏の合成カットだ。最初に仕上がってきたのは土煙を上げながら進撃するデットンの姿。なんだこれ、めちゃくちゃカッコいいじゃないか。そこからはデットンの姿、もっと見せてくれという感じである。転ぼうが吠えようが、どれもしっかりと単体で画になっている。もちろんサドラとの対決も見事にはまった。このデットン、本物より本物らしい。皆さんもそう思いませんか。

### DATA
登場話／第3話『恐怖の怪獣魔境』
発売元／アス工房
　　　　モンスターズコレクション 第五弾
全長／270mm
重量／1900g
全パーツ数／14点
材質／ウレタン樹脂
付属品／なし
原型製作／浅川 洋

帰ってきたウルトラマン　地底怪獣 グドン

# GUDON

## 我が名はグドン、ドSの具現化した姿なり

　全身いたるところに棘あり。眼は赤く血のように燃えたぎり、両手に持つのは鞭……ではなく鞭化した手なり。我が名はグドン、ドSの具現化した姿なり。サド侯爵っぽくグドンを表現したら、こんな感じになるのかな。でも、あながち冗談ではなく、僕の持ってるグドンの印象は概ねこんなものだ。グドンはツインテールが好物だと劇中で語られる。それはいい。生き物であるからには何かを食べないと命を繋げない。ただ、その食べ方がちょっと難ありだ。ヒュンヒュンと空気を切り裂きながら鞭を唸らせ、これでもかというほどツインテールを打ちのめす。その姿、ゾゾッとするほど容赦がない。突き出した首、小さな顔、赤い目がなおさら残酷さを際立てる。ぐったりするツインテールのシルエットがどこか女性的でこれまた憐れを誘うのだ……。

　むむむ、変態的な文章が流れるように飛び出したので、ここからは軌道修正を。キットはボークスのオリエントヒーローシリーズより、原型は河本健次氏が手掛けた。河本氏といえば怪獣からロボットまで、実に幅広い造形をみせてくれた存在だ。逆ゴジ、アーストロンから鉄人28号やマジンガーZまで、実に多彩である。そんな氏の代表作と僕が勝手に思っているのが、このグドンと同時期に発表されたツインテールである。腰を深く落とし、腕を低く構え、鋭く威嚇するグドンの雄姿は掛け値なしのカッコ良さだ。デザイナーの池谷仙克・造形の高山良策コンビが生み出した名獣を、ものの見事に30cmサイズへと変換している。そう、ドSの魂がしっかりと込められている。ツインテールはイヤだと思うが、二つ並べるとグドンの禍々しさが一層際立って素晴らしい。

　そんなグドンの魅力が存分に伝わるような写真構成となった。やっぱり男前は単体で、ビシッとそこにあれば画になる。余計な小細工なんて必要ないのだ。三枚はブロマイド風に。その内の一枚はあえてモノクロにして、渋みを出している。……といいつつ、格闘戦も作ってみた。相手はツインテールではなくガボラだ。この争いは目の肥えたウルトラファンにも新鮮に映るのではないだろうか。ガツン、ゴツンと硬いもの同士がぶつかる音が響いてくるようである。

### DATA
登場話／第5話『二大怪獣東京を襲撃』
　　　　第6話『決戦!怪獣対マット』
発売元／ボークス オリエントヒーローシリーズ No.33
全高／305mm　重量／1100g
パーツ数／32点　付属品／なし
材質／ウレタン樹脂
原型師／河本健次

帰ってきたウルトラマン　古代怪獣 ツインテール

# TWINTAIL
## つけま つけてる

　初めてツインテールと出会った時の強烈な印象は今でも変わっていない。それは、頭が下にあるという特異なスタイルではなく、グドンの餌で海老の味がするというぶっ飛んだ設定でもなかった。……あの顔だ。長いまつ毛がくりんとカールしているつぶらな瞳を見た時、すっかり心を縛られた。ペギラの目がそうであるように、ツインテールの目もまたどこかしら眠たげだ。アンニュイだ。そして、これが一番重要なポイントなんだが、愛くるしい。それもその筈、図体はデカいけどツインテールは卵からの生まれたて、正真正銘の赤ん坊なのだ。生きとし生けるものすべて、赤子は可愛いものだ。理由は庇護される存在だから。万人に可愛いという感情を抱かせ、守りたいという衝動を促す。だからこそ、ツインテールもとことんチャーミーな目をしている。ところがだ。こともあろうにMATの諸君はバズーカでその目を潰してしまった。両目ともである。まったくとんでもないことをしてくれたもんだ。岸田長官でなくとも「MATは即時、解散！」と言いたくもなる。チャームポイントをなくしたツインテールはただひたすらに痛々しい。辺りを右往左往し、やがてはグドンに捕えられ、ムチでしばかれ、噛みつかれ、地面に叩きつけられて死んでしまう。不憫だ……。ツインテールファンならば後編よりも元気に暴れ回る前編を見ることをお勧めする。

　さて、与太話はこれくらいにして本題へと移ろう。ド迫力のツインテールを30cmサイズでキット化したのはボークスだ。もちろんオリエントヒーローシリーズである。これで先に発売されたグドンと対を為す。ツインテールは嫌だろうが、我々としてはグドンとツインテールはセット、どちらが欠けても魅力が半減する。原型はこれまたグドンと同じく河本健次氏。向かい合わせるとよく分かるが、グドンとツインテールの目線がしっかりと合っている。どちらの造形も同じ原型師が担当したことによる幸せな例だと思う。それにしても造形はボリュームがある。中でもやはり顔だ。グドンと比べても三倍はありそうなデカい顔。この顔が下ではなく上に付いていたらどうだっただろう。もしかするとグドンは頭からバリバリ食べられていたかもしれない。

　写真の構成は様々なバリエーションを用意してみた。お約束の対決モノは外せないとして、他の三枚はイメージが異なる。画面から食み出すほどの顔のアップはツインテールのエビのような活きの良さを、モノクロは報道写真を意識している。柔らかな夕陽を浴びて佇む姿はどこか神々しく、新マンファンならばニヤリと頷いてくれるものと思う。

**DATA**
登場話／第5話『二大怪獣東京を襲撃』
　　　　第6話『決戦!怪獣対マット』
発売元／ボークス オリエントヒーローシリーズ No.38
全高／280mm　重量／1800g
パーツ数／11点　付属品／タイトルプレート
材質／ウレタン樹脂
原型師／河本 健次

**DATA**
登場話／第16話 『大怪鳥テロチルスの謎』
　　　　第17話 『怪鳥テロチルス東京大空爆』
発売元／吉野屋徳兵衛　ウルトラ怪獣シリーズNO.7
全高／340mm　重量／1300g　全パーツ数　12点
材質／ウレタン樹脂　付属品／なし
原型製作／浅川 洋

帰ってきたウルトラマン　始祖怪鳥 テロチルス

# TEROCHILUS
## 赤い目がどこかしら似ている

　テロチルスの前後編は実に見応えがある。大人になった今でも、この回の仕上がりは素晴らしいと感じる。だが、子供心には少々違和感を覚えた。理由は簡単だ。ウルトラマンよりも怪獣よりも目立つ存在が他にあったから。石橋正次氏がギンギンになって演じた松本三郎という役。触れれば切れそうな鋭く血走った目が、何にも勝ってしまった。だが、テロチルスを製作していてふと気づいたことがある。それは、テロチルスのシャープで赤い目が、あの時の松本三郎を思わせるということだ。制作陣が意識して共通点を付加したのか？　もしかしたらそうかもしれない。なぜなら服装と体色のコンセプトは同じだからだ。どちらも黒が基調、それが孤独なテロリストのイメージとなっている。また、三郎の故郷である秋田の雪とテロチルスが吐く白い粒子も対になっている。だとしたら、お互いの目がどこか似通っているのも不思議じゃない。じっとテロチルスの目を見ていると、あの時の松本三郎がダブってくる。ウルトラのスタッフ達は実に高次元の仕事をしていた。新たな資料が見つかるたびに驚かされることが出てくる。半世紀も前だというのに、一介の子供番組だというのに、今なお僕等の心を捉えて離さないのは、拘るというすべてにおいて大切なことが込められているからだと思う。

　キットは吉野屋徳兵衛のもの。原型は自身もアス工房というブランドを持っている浅川洋氏が、盟友である山田氏の要請に応えて実現した。浅川氏はウルトラマンに登場した全怪獣をコンプリートするという壮大なチャレンジを始め、今はその道半ばだ。その合間にこうして他社ブランドとの交流を行っている。吉野屋徳兵衛からはこの他にもガブラやブラックキングなどを出した。もちろん原型はどれも素晴らしいものだ。このテロチルスもそう。見事なバランスの立ち姿である。大きく羽を広げ、前を見つめるテロチルス。佇まいは実にシンプルで静かなのだが、硬質なボディと軟質な首周りの作り分けが達人の技を存分に知らしめる。本当に見応えのある一品となっている。

　そんなテロチルスをどう見せようか？　合成の山口氏は随分と苦労したようである。アオリが多くて顔がよく分からないものが多い。これはピシッとイメージがハマらない時の山口氏の癖だ。もちろん、僕のリクエストがあやふやだったのが一番の原因である。そこで、改めて二枚の写真をリクエストした。一つは顔がはっきり分かるもの。もう一つは同じ羽を持つ者同士の激突。出来上がってきた作品がこれである。白い粒子を吐くテロチルスと翼を持つ者同士のぶつかり合い。テロチルスワールドが一気に広がったのは言うまでもない。

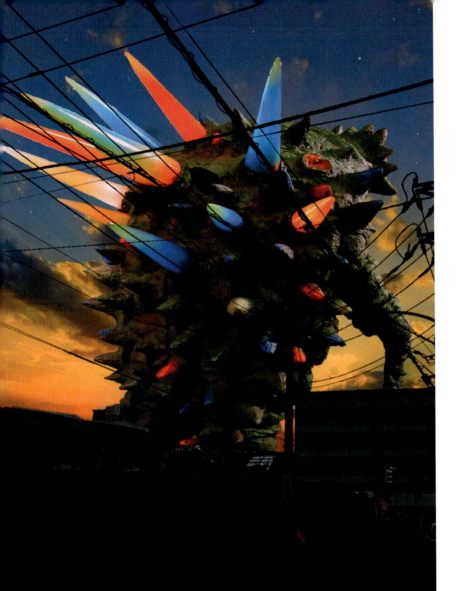

帰ってきたウルトラマン　電波怪獣 ビーコン

# BEAKON
## 空を漂うテレビ中継車

　ウルトラマンエースにはクラゲにそっくりなユニバーラゲスという超獣がいるが、こちらビーコンは姿形というより浮遊感がクラゲである。ゆらゆらと空中を漂う様子からは、巨体であるがゆえの重みは感じられない。まるで風が吹くままどこにでも飛んでいきそうな風船のようだ。山口氏の写真もその特徴が全面に表れている。ありえないほどの前傾姿勢のビーコンから重力を感じる人はいないだろう。ビーコンは電波を食料とし、かつ、体内で電波を製造し放出できる機能を備えている。いうなればテレビ中継車である。そのアイディアはデザインにも存分に活かされており、背中の棘は電波塔、赤、黄、赤と三つ並んだ目はカメラのレンズを思わせる。今でこそ24時間、フルタイムで放送される事も当り前となったテレビだが、『帰って来たウルトラマン』放送当時の昭和46年は、テレビは等しく深夜で放送が終わるものだった。次の朝日が昇るまでテレビは一時の休息に入り、その間ブラウン管には通称「砂の嵐」と呼ばれるザラザラの画面とシャーッという雑音に包まれる。子供の頃、その画面をじっと見ていると女のすすり泣きが聞こえてきたり、砂粒が集まって幽霊の姿になったりと、嫌なウワサが絶えなかった。年に何度か夜更かしをした際、放送の終わりを告げるテロップが流れると、「砂の嵐」が映る前に急いでテレビを消したものだ。ビーコンの物語はそんな「砂の嵐」を逆手に取った。終わった筈のテレビがふいに放送を始める。このゾクゾクするシチュエーションと存在自体がテレビの中継車という不可思議なマッチングで、ビーコンは新マンを代表する怪獣となった。

　キットを造ったのはまたもやあの人だ。これまでに発売されたウルトラマンシリーズの造形を根底から塗り替えるほど、破竹の快進撃を続けるアス工房の浅川洋氏。そんな浅川氏が今度は新マンシリーズの発表を始めた。アレイドウルトラ怪獣コレクションと銘打たれたシリーズの栄えある第一弾に選ばれたのはビーコンである。造形に関しては今更何も言うことはない。30cmを優にオーバーする巨大なビーコンの姿が完璧に造り上げられている。一方で浅川氏の代名詞と言えば電飾である。ビーコンは絶大に電飾映えする怪獣なので、塗装したkaz氏も嬉々として腕を揮っている。夕陽に染まる街の中に青や赤、オレンジや黄色といったネオンのような背中を見せたビーコンは一種荘厳で美しくさえある。こういう写真を眺めていると、たまらない郷愁に誘われてしまうのはなぜだろう……。

**DATA**
登場話／第21話『怪獣チャンネル』
発売元／アス工房 アレイド ウルトラ怪獣コレクション 第一弾
全高／320mm
重量／1100g
全パーツ数　25点
材質／ウレタン樹脂
付属品／なし
原型製作／浅川 洋

帰ってきたウルトラマン　昆虫怪獣 ノコギリン

# NOKOGILIN
## 宇宙昆虫は口紅がお好き

**DATA**
登場話／第26話『怪奇！殺人甲虫事件』
発売元／アス工房 モンスターズコレクション 第一弾
全高／365mm　重量／1200g
全パーツ数／15点　材質／ウレタン樹脂　付属品／なし
原型製作／浅川 洋

　無性に魅かれるのは昆虫の姿ゆえなのか。女子の皆さんにはつくづく不人気だろうが、大方の男子は昆虫好きが多い。こと、カブトムシやクワガタともなれば、その数はグンと跳ね上がる。ゴキブリもカブトムシもクワガタも大差ない。黒くて艶々して足が六本あって飛ぶ。以前、我が家の嫁サマはそう冷たく言い放った。特徴は確かに同じだ。しかも、昆虫なんてだいたいみんなそんなもんだ。でもね、前面に突き出た大角、太くて力強い大顎と、ゆらゆらしている長い触覚とはワケが違う。カッコ良さに天と地ほども差があるのを分かってもらいたい。ということでノコギリンの話に移ろう。視聴者にゴマを擦っているとしか思えない、あからさまなクワガタのデザインである。どうだ少年達よ、クワガタ怪獣だぞ。凄いだろう、カッコいいだろう。……ここまで開き直られるとむしろ清々しい。だが、そんな作り手の手法に見事に引っ掛かった少年がいる。浅川洋氏だ。『クワガタ好きの私は、とにかく真っ先に作りたいと思いました』。インストにも触れられている通り、浅川氏はアス工房モンスターズコレクションの第一号にノコギリンを持ってきたのである。浅川氏はこれまで新マン怪獣を幾つかのブランド名で発表してきた。一つ目はマーミットと自身のブランド、アス工房とのコラボであるアレイド。ここからはウルトラ怪獣コレクションとして、ビーコンやサドラがいる。二つ目は他のブランドからの依頼を受けて。吉野屋徳兵衛からテロチルスやブラックキングが同サイズでラインナップされた。そして三つ目がアス工房モンスターズコレクション。ワンフェスでの当日版権アイテムとして、自身がセレクトした作品を自由に発表するためのブランドだそうだ。そこにノコギリンを持ってきた。まさに思い通りのセレクトであり、その証拠に造形は圧倒的でノリにノッて造られたことが窺い知れる。その辺りは塗装を施したkaz氏も察したようで、頭部にある巨大な金色のハサミや真っ赤な爪、お腹や背中のラインなど、拘りまくって塗られている。しかも、自ら目をクリアレジンに置き換え、電飾を加えているのだから恐れ入る。

　仕上がった写真も実に面白い。夕暮れの遊園地で観覧車に留まったノコギリンなんてまさに虫そのものだ。こんなシーンが劇中にあったら、もっとインパクトが強くなっていたかもしれない。緑の一本道に現れた等身大のノコギリンも間違いじゃない。実際、劇中で等身大のシーンが存在した。夏の木漏れ日の中にノコギリンを置いてあげたいという山口さんの虫好きがこんなカットを生み出したのだと思う。だが、ノコギリンよ、宇宙怪獣のくせにどうして口紅が好きなんだ。つくづく女子と虫は相性が悪いのかもしれない。

帰ってきたウルトラマン　人魂怪獣 フェミゴン

# FEMIGON

## 異質な感じ

　『帰ってきたウルトラマン』を見ていて、子供心になんか変だなぁと感じたのがこの回だった。フェミゴンが登場する「狙われた女」だ。MATの紅一点、桂木美加演ずる丘隊員受難の回。それまでの怪獣対MAT＆ウルトラマンという図式の中に、何か奇妙なものがぬるりと滑り込んだような、後味の悪さがした。後になって分かったことだが、違和感の正体は脚本にあった。僕はどうにも石堂淑朗氏と相性が悪いようだ。民話や伝承をモチーフに人の欲望や女の情念を描く石堂脚本には、怪獣というより妖気を纏った怪物が現れる。このフェミゴンも丘隊員に憑依する人魂という設定である。自分が育った怪獣世界に怪物も幽霊もいなかった。そういう訳で、フェミゴンの印象がすこぶる薄い。いや、もともと頭の中からずらしてしまっていたのかもしれない。

　これまでにウルトラを立体化してきた二大巨頭、ボークスのJr.ワールドと怪獣無法地帯のギャラリーシリーズ。そのどちらにもフェミゴンはラインナップされていない。理由はシンプルだ。人気がないから。新マンの後期ともなると、立体化作品は著しく減る。だが、そんなフェミゴンがついに立体化された。なんとあの浅川洋氏が30cmオーバーで作ってしまったのだ。どうして浅川さんがこんなにマイナーなセレクトをしたのか不思議でならないが、兎も角製作してみることにした。フェミゴンの顔はキングザウルス三世の改造である。長い首はそのまま生かし、鶏の鶏冠のようなオレンジ色の突起と頬からぶら下がるこぶを付けた。頭部に残る穴はキングザウルス三世が新マンを苦しめた二本角の名残である。資料を眺めながらフェミゴンを製作していくと……面白い。全身を覆う青いウロコ、背中に並ぶ赤い角、腹部と腕は黄色い蛇腹だ。そこに飛び出した首が伸び、実に不可思議なバランスの怪獣が現れた。フェミゴンとはこんな怪獣だったのか……。浅川造形の丁寧さも相まって新たな魅力を見つけることができたのだった。

　送られてきた最初の合成写真はまさに妖怪のテイストだった。山頂からフェミゴンの首がぬっと伸びているところなど、まさにがしゃどくろのようだ。どうやら山口氏もフェミゴンに同じ異質さを感じていたのだろう。マットビハイクルに襲い掛かろうとする構図などもまさにそれだ。しかし、暴れ出すと途端に怪獣らしさが露わになる。あらためて写真を眺めながら、ふと『シン・ゴジラ』のことを思い出した。

**DATA**
登場話／第47話『狙われた女』
発売元／アス工房 モンスターズコレクション 第二弾
全高／340mm　重量／1800g
パーツ数／20点　付属品／なし
材質／ウレタン樹脂
原型師／浅川 洋

# ULTR

『ウルトラマンAエース』1972年4月7日〜73年3月30日（52回）

　『帰ってきたウルトラマン』の後を受ける新番組として、市川森一、上原正三、田口光成の3人が出した企画書をまとめたものが『ウルトラエース』でした。しかしマルサンの商標に「怪傑透明ウルトラエース」があったため、学年誌ですでに発表し主題歌まで吹き込まれていた『ウルトラエース』は改題を余儀なくされました。『ウルトラマンA』は、強敵揃いの変身ブームの渦中で、それまでのウルトラシリーズにない新機軸を出します。北斗星司と南夕子の男女合体変身、銀河連邦、ウルトラ兄弟、ウルトラの父、異次元人ヤプール、超獣。さらに一段と鮮やかになった光学合成の必殺技。エースそのものも、鈴木儀雄のデザインとマスク原型でウルトラマンにない要素が出ました。エースのやさしい顔付きと赤いカラーリングラインは女性のイメージでしょう。そのため好き嫌いが出たのも事実です。裏番組が東映の『変身忍者嵐』になった事も互いに苦戦する要因でした。超獣は、怪獣よりも大きく強い、怪獣を越えたものと言う意味合いと同時に超兵器怪獣でもあって、宇宙生物と地球生物を合体させて作られたヤプールの侵略兵器でした。とくに空を割って出て来るビジュアルに驚かされました。前作に引き続いて井口、鈴木デザイン、造形は初期のをツエニーが、大半を開米プロが担当。それまでの怪獣より頭一つ大きなサイズで、小柄なエースと対比させます。初期のベロクロン、バキシムは異様な美しさがあって、天井の高い東宝のステージを使った特撮も見応えがありました。エースキラーによってゴルゴダ星で十字架にかけられたウルトラ5兄弟ほど衝撃的な展開はありません。人類に与したかどで死以上の辱めを受ける5人のウルトラマンに言葉を失います。ヒッポリト星人のタール攻撃も、ウルトラの父の大角も、ただただ驚きでした。大きな超獣にこれでもかと挑んでいくエースは夕子からリングを託された北斗ひとりの分身になりました。最終回。地球を去るエースの言葉は、人間北斗の気持ちでもあったはずです。「やさしさを失わないでくれ。弱いものをいたわり、互いに助け合い、どこの国の人たちとも友達になろうとする気持ちを失わないでくれ。たとえその気持ちが何百回裏切られようとも。それがわたしの最後の願いだ」。いまの時代で、こんなに胸に染み入る言葉はありません。子どもたちへ伝えたい言葉です。明日のエースはぼくたちの心にあります。

# AMAN ACE

ウルトラマンエース

# ULTRAMAN ACE
## ハードルの高い合体変身

　折角の機会だし、一つ告白をしようと思う。僕はウルトラマンエースをきっかけにウルトラから遠ざかった過去がある。ウルトラ兄弟五番目の弟としての新しいデザイン、怪獣よりも強い超獣の登場、色、形、破壊力、どれを取っても多彩な光線技の数々。エースはそれまでのウルトラを超えようと果敢に挑戦した作品だった。だが、攻めの姿勢が決定的なズレを生んだ。男女合体変身だ。子供心にこれはとても抵抗感があったのは否めない。多感な時期に女の子と合体して変身するなんて冗談じゃなかった。そんな時、傍らには仮面ライダーがいた。バイクに乗ってカッコよく変身ポーズを決めるライダーに心が揺さぶられたものだ。以後、僕は仮面ライダーショーに足しげく通う、ライダー少年隊への道を驀進していく。実はそんな少年達は意外と多かった。変身ブームはウルトラではなくライダーのものだった。それは製作者側にもヒリヒリと伝わっていたのだろう。物語から唐突に南隊員が外れることになる。実は月星人であり、月へ帰らねばならないとして……。そんなバカな、である。以後、北斗隊員は一人で変身するようになった。しかし、たとえそうなったとしても、一度貼り付いた違和感を最後まで拭えることはなかったのである。

　などと冒頭から吠えてしまったが、僕はエースの造形は好きだ。確かに胴長だし短足だし、頭もデカい。でも、横から見た時の顔の感じは実にカッコいいと思うし、オリジナリティが溢れている。だから、マーミットから発売されたエースのリアルソフビをレジン版で発売すると聞いた時、すぐに買うことを決めた。造形が浅川洋氏だということも大きかったのはいうまでもない。ポーズはやはりというか当然というか、メタリウム光線発射のスタイルである。右腕を立て左腕を下に添え、やや腰を落として発射する七色の光線。これはすこぶる威力があった。また、メタリウム光線は振り向き様に型に入る。「ハーンッ!」というエースの声は銭形警部の声でお馴染みの納谷悟朗さんだった。特徴的な踏ん張り声と振り向き様のポーズはよく真似をしたものだ。合体変身さえなかったら……ってもうやめておこう。

　塗装はkaz氏だ。なんとエースが浅川造形初物だったとのこと。kaz氏曰く、「造形は言うこと無しのカッコよさ。全身の皺等ボロの部分を含めたリアル造形と、ヒーローとしての美しい理想の造形の相容れない両サイドを絶妙のバランス感で仕上げられております」という独特の言い回しで褒めているところが笑えてしまう。山口氏には苦労をかけてしまった。ポーズがこれしかない為に自由な合成ができないのだ。メタリウム光線発射のカットが多いのはその為である。レッドキングとの絡みは僕の依頼で作っていただいた。せめて、ウルトラシリーズの枠を越えた世界観を表現したかったからである。

**DATA**
登場話／第1話『輝け!ウルトラ五兄弟』から
　　　　第52話『明日のエースは君だ!』まで
発売元／アス工房 アレイド マーミット
　　　　リアルソフビ レジン版 第一弾
全長／310mm
重量／500g
全パーツ数／10点
材質／ウレタン樹脂
付属品／なし
原型製作／浅川 洋

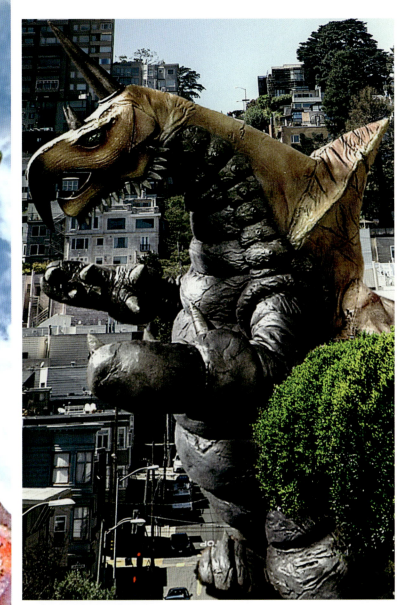

ウルトラマンエース　一角超獣 バキシム

# VAKISHIM
## 空が割れる

　『ウルトラマンエース』を語る上で欠かせないのが超獣の登場シーンだ。まるでガラス窓が割れるように空が砕け散る。そこには異次元からの侵略というフレーズが実に明快に映像化されていた。中でも一際記憶に残るのはバキシムの登場シーンではないかと思う。抜けるような青空が突如バリバリと砕け始め、その向こう、禍々しい赤い空間に巨大な生物が蠢く。バキシムの登場シーンはこの上なく衝撃的だった。この瞬間、ウルトラマンエースは新たなウルトラマンシリーズとして、確固たる地位を獲得したのだ。

　青とオレンジ、驚くような全身の配色と、芋虫に似た柔らかそうな腹、反して硬い鉱物のような背中というデザイン。バキシムを人気超獣にしている要因もそこらにあると思う。だが、バキシムは普段、男の子に化けている。吊橋の上から南隊員に手を振っておびき寄せたり、捜査に来た北斗隊員のタックガンを無邪気を装って奪い取り、発砲。はたまたタックアローの燃料を漏れさせて空にしたりと、やることはクソガキ、実にえげつない。挙句、正体を見破られたと知るや髪を逆立て、鬼面となってタックに悪態を付く。これではまるで妖怪だ。全身武器の塊のような超獣化した姿とこれほどギャップがあるのもまた珍しい。

　それにしても、よくぞ超獣が30cmサイズで世の中に出たものである。メーカーはGORT。聞き慣れないなと思って原型師の名を見ると、そこには杉本浩二という名前があった。杉本氏といえば後期のJr.ウルトラワールドを支えた原型師の一人。嬉しかった。久し振りに懐かしい知り合いに会えたような気がした。キットは本物の着ぐるみよりもシャープに造られており、皺や窪みなどもクリーチャー寄りである。だが、そんなものは些細な話、圧倒的にカッコいいバキシムがそこにいる。塗装はkaz氏の手によるものだ。GORT原型初挑戦ながら、最高の塗装が施されている。本人もブログで述べている通り、バキシムの一番の見せ場は巨大な背中だ。本人曰く、「映像で見ると背中の発光部はFRPの材質が透けて見えますので、そのFRPのガラスクロスを塗料で固めてマスクを作って、その模様をエアブラシで吹き付けたのですが、まぁほとんど仕上げでは見えないですね、自己満足です（笑）」だそうである。電飾していないのにこんなに美しく発光しているように魅せることができる。世の中には達人がいるものである。

　そんなバキシムの写真が山口氏から届いた時、思わずニヤリとした。青空に浮かぶバキシムは完全なる物語へのオマージュだ。さすが山口氏、ツボを知っている。アオリのカットは昨年の24日に作り直したもの。電線や鉄塔など使い回しの写真を避けようと、山口氏が新たにイメージした。クリスマスイブにいい歳したオジサン連中は、こんなやり取りをしていたのである。この国は実に平和だ。

**DATA**
登場話／第3話『燃えろ！超獣地獄』
発売元／GORT
全高／300mm
重量／2000g
全パーツ数／9点
材質／ウレタン樹脂
付属品／なし
原型製作／杉本 浩二

103

ウルトラマンエース　怪魚超獣 ガラン

# GARAN

## 気持ち悪いぜ、久里虫太郎

　あえて暴言から始めました。でもね、この回を見た人は少なからずそう感じたと思うんですよ。久里虫太郎、あんたは超獣を霞ませたってね。久里というのは劇中に登場するマンガ家なんですが、もう名前からしておかしいです。いや、おかしいのはそれでけじゃありません。長髪で、痩せていて、派手な柄のシャツを着ていて、薄ら笑いを浮かべてるのに目が笑ってない。どうです、一発で「ヤバい」って感じるタイプでしょう。しかもですよ、TACの美川隊員と同級生という設定なんですが……無茶です。完璧にオッサンです。どこからどうみても。学生時代から一方的に慕っていたという美川隊員を縄で縛って部屋に監禁、俺は悪魔からテレパシーをもらってるんだと得意げに語り、挙句、マンガを描きまくって超獣をそのストーリー通りに動かしていく。こんな奴が出てくれば、そりゃどんな超獣が出てきたとしても霞むにきまってます。久里のせいでガランは望まぬ脇役にされてしまったのでした。

　しかし、この方はそんなガランの魅力をしっかりと分かっておられたようです。平成の超獣マスターこと、GORTの杉本浩二氏です。杉本氏は30cmサイズの大ガランを発表する前に、15cmほどの小ガランを作られました。いやいや小さいからってバカにはできません。触るとこれが痛いんです。びっしりと全身を覆ったウロコの一枚一枚が反り返り、激しく主張しています。造形力にはもちろんシビレましたが、それ以上にここまで超獣に、脇役扱いされたガランに情熱を注ぐ杉本氏の姿勢が堪まりませんでした。やがて、万を持して大ガランが登場。もはや言葉はいりますまい。もちろん最高の造形です。

　皆さんはガランの別名って知ってますか。怪魚超獣っていうんですよ。三億年前、古生代後期の魚がモチーフなんです。しかし、劇中ではガランが水から現れるシーンはありません。ないならやっぱり作っておかないとね。ということで、水を意識したイメージの写真を数点用意しました。やっぱりベースが魚なんで、水との相性はピッタリです。尻尾はサービスカット。山口氏曰く、「そこにいい電柱があったから」だそう。ちょっと久里っぽさを感じて、ドキッとしました……苦笑。

### DATA
登場話／第4話『3億年超獣出現!』
発売元／GORT　全高／310mm　重量／1600g
パーツ数／24点　付属品／なし　材質／ウレタン樹脂
原型師／杉本 浩二

ウルトラマンエース　大蟻超獣 アリブンタ

# ARIBUNTA

## 蟻王様はO型の女子が好き

　若い女子の血を好むとくれば、真っ先に頭に浮かぶのはドラキュラだろう。音もなく寝室に忍び込み、眠っている女子の白い首筋に牙を突き立てる。白い肌に鮮血が伝わって、やがて辺りは真っ赤に染まっていく。しかし、こちらの蟻王様はちと違う。日頃は別次元である四次元空間に潜んでいて、狙った女子を見つけたら問答無用で蟻地獄へと吸い込んでしまう。狡猾さと大胆さがウリなのだ。しかも蟻王様、どういうワケだかO型の女子の血のみを好む。他の血液型には目もくれない。こんな選り好み、ドラキュラだってしない。はたしてこれをグルメと呼んでいいものかどうか……。

　このアリブンタもGORT、杉本浩二氏の手によるものだ。ガレージキットシーンに超獣という新風を吹き込んだ杉本氏は、かつて、ボークスのJr.ウルトラワールドで原型の腕をふるっていた。とはいえ、その頃はラインナップも中盤以降に差し掛かり、メジャーな怪獣や星人は出し尽されていた。残っているものはもうマイナーばかりだ。ザンパ星人やフック星人、ノンマルトにワイルド星人なんて、よほどウルトラに詳しくなければ顔を浮かべることも難しいだろう。それでも杉本氏は一切妥協せず、丁寧な作風で原型を作り上げた。Jr.のほとんどを作ったことがある僕が言うんだから間違いない。その姿勢は今でも一切変わるところはなく、平成の世でも素晴らしい原型を連発されているのはすこぶる頼もしい限りだ。

　このアリブンタも決定版と言って差し支えないほど素晴らしい造形となっている。蟻王様の存在感と昆虫の持ついやらしさがいかんなく発揮されている。超獣は初期三部作と比べて確かにゴテゴテしている。角やらヒレやら棘やら、余計な装飾が多い。でも、それが合わさることで不思議な魅力を醸し出すのも事実だ。全身は紫に黄色。顔は青に赤に黄色。とんでもない体色である。肩からは二本の大角が伸び、当然、こぶやらヒレやら繊毛のような棘やらが全身を埋め尽くしている。ゲテモノだ。でも、バランスはいい。Xのラインで形作られた体型、長い首、小さな頭。実はとても計算された作りとなっている。「超獣とかはあんまり興味ないから」で済ますのはあまりにも勿体ない。オールドファンの皆さん、どうか今一度立ち止まって、あらためてじっくりとアリブンタを見てほしい。

　写真のコンセプトは当然、蟻王様の王たる姿。異国の街に君臨する姿や夕空に染まった姿はとても威厳があって美しい。また、芋虫の王たるバキシムと並んで、昆虫軍団を指揮するような様子もカッコいい。唯一、背中はサービスカットだ。あまりアリブンタの背中なんて見たことがないからいれてみた。Xの形になっていて、これまた妖気漂う造形になっている。

**DATA**
登場話／第5話「大蟻超獣対ウルトラ兄弟」
発売元／GORT　全高／340mm　重量／1500g　パーツ数／16点
付属品／ギロン人　材質／ウレタン樹脂　原型師／杉本 浩二

ウルトラマンエース　変身超獣 ブロッケン

# BROCKEN

## ある意味では
## キングギドラだ

　手が顔……。なんで手が顔なんでしょう。第二期ウルトラともなると、ここら辺のセンスが今一つわからなくなってしまう。どうせなら三つ首にすれば良かったのに。それではキングギドラと被り過ぎになるんでしょうかね。なんてね、ぶつぶつ言ってはおりますが、カッコいいから好きです、ブロッケン。でも知名度が低いからちょっと悔しい。検索するとブロッケン現象とキン肉マンに登場するブロッケンJr.が先に出ます。この本でなんとか少しでも知名度を押し上げたいものです。実際、それくらいの魅力はあるんです。先に言った通り三つ首だし、着ぐるみも二人で入る巨体だし、全身金色に輝いてゴージャスだし、ツインテールみたいな鞭っぽい触手もある。バラバは全身それ自体が武器の塊ですが、ブロッケンもまた様々な怪獣の要素を組み合わせた合体型なのです。暴れっぷりも激しくて、鼻先からは火炎放射、両手の顔からは光線、触手の先からはレーザー放射とやりたい放題。突進してエースを吹っ飛ばすブルファイターぶり。確かな強者でした。

　そんなブロッケンの造形はやっぱりこの方、GORTの杉本浩二氏です。今や30cm超獣シリーズの雄となった感もある杉本氏ですが、ほんとに毎回期待を裏切らない素晴らしい造形で魅せてくれます。ブロッケンは元々が二人分あるので、30cmサイズだとほんとにボリューム満点です。そこに鞭のような触手が付くからなおさら広がります。俗にいう場所取り屋ってタイプですね。ただ、大きさもさることながら作るのも塗るのも大物でした。特に塗り分けは大変苦労しました。お腹から背中にかけての青い体色とイソギンチャクのような赤い模様、そして、前半分の金色。これがきちんと溶け合わないとおもちゃに見えてしまいます。配色にはとても気を使いました。しかも最後に襲いかかるのが顔の手です。これまたちゃんと塗らないと生き物っぽく見えない。面倒臭ささも大物級でございました。

　写真はそんなブロッケンの魅力が溢れるものとなっています。触手からレーザーを放つカットではブロッケンの全体像を、続くナイトシーンの大破壊では猛々しさや毒々しさなどを全面に出してみました。ツインテールとは鞭対決ですね。どっちがドSか大いに鞭を振ってもらいたいと思います。

### DATA
登場話／第6話『変身超獣の謎を追え!』
発売元／GORT
全高／315mm　重量／1400g
パーツ数／25点　付属品／なし
材質／ウレタン樹脂
原型師／杉本 浩二

ウルトラマンエース　殺し屋超獣 バラバ

# VARAVA

## びっくりしてピョーン！

**DATA**
登場話／第13話『死刑!ウルトラ5兄弟』
　　　　第14話『銀河に散った5つの星』
発売元／GORT　全高／310mm　重量／1300g
パーツ数／19点　付属品／なし　材質／ウレタン樹脂
原型師／杉本 浩二

　何がって、目玉の話です。バラバはこれ、全身が武器に覆われている厳ついヤツ。右手が鞭、左手は鎌、頭には剣。もちろん光線技だって使います。それに、登場する時には必ず放射能を含んだ雨を降らせます。なんたって別名が「殺し屋超獣」ですからね、そりゃもうとんでもないワケですよ。それがどうです、終盤でのエースとの決戦で、なんと目玉が飛び出して右往左往……。これ見た瞬間、唖然としましたよ。マンガだって思いました。ある意味、ウルトラから一時離れるきっかけになったシーンかもしれません。それくらいガッカリしました。それが大人になってもう一度この回を見返す機会があったんです。バラバってヤプールが宇宙怪獣とアゲハチョウの幼虫を掛け合わせて誕生した設定だったんですね。アゲハチョウの幼虫といえば、驚いた時に頭から黄色い触覚が飛び出してくるの、皆さんご存じですか。臭角といって危険を感じた時など、匂いの出る触覚を伸ばすんです。ここでハタと気づきました。バラバの目玉が飛び出すというシーンは単なるギャグなんかではなく、アゲハチョウの幼虫の臭覚から着想を得たものだったんだと……。なんたる不覚でしょう。ずっとバカにしてた自分がバカでした。ウルトラのスタッフはちゃんとリサーチして、裏打ちしたことをやっていたんですね。あらためておみそれしましたよ、ほんとに。

　今でもはっきり覚えていますが、このキットを見た時は衝撃でしたね……。思わず息が詰まりましたもん。ウルトラは初期三部作が図抜けていて、新マン以降になるとキットの売れ行きもガタ落ちしてしまいます。でも、このバラバでその図式が変わるとはっきり確信しました。やはり原型は杉本浩二氏です。問答無用にカッコいいと同時に、こんなにも圧倒的な造形のバラバを見せてくれた。嬉しくてねぇ、すぐに箱から出して作り始めましたよ。まぁ、そこから軽い地獄が始まるんですけどね（苦笑）。パーツも細かい、パテ埋めの箇所も膨大、塗り分けも大変。でも、完成したバラバを見た時は至福でした。あらためて超獣ってカッコいいと教えてくれた造形です。

　バラバはやっぱり晴れの日より曇天が似合います。不穏な空気を纏っているからでしょう。こうして仕上がった写真を見ていると、あの特徴的な金属音のような咆哮が耳の奥に甦ってきます。山口氏もノッてますね。その証拠に、特撮アイテムには不可欠な高圧鉄塔越しのカットを二枚も作ってます。バラバのハイスペックな全体像と高圧鉄塔の生み出す線のコラボがしっかりと絡み合い、眺めているだけで気持ちが誘われます。ただ、僕の中ではブロッケンとの対峙がお気に入りの一枚。超獣の持つケバケバしさ、グロテスクさ、そしてカッコ良さが伝わる問答無用の一枚になっていると思います。

# ULTR
# TIGA

# AMAN

『ウルトラマンティガ』1996年9月7日〜97年8月30日（52回）

　66年の初代『ウルトラマン』から30年目の96年、ウルトラマン30周年記念企画が『ウルトラマンティガ』でした。その前年、平成ガメラシリーズが特撮界に新たな可能性とリピーターのファンを味方につけて大きな波を生んでいました。思えば現在まで続く平成特撮のムーブメントはこの時に始まっている気がします。つまり昭和の特撮で育った人が現場へ入って決定権をもつ立場に就き、また熱心に応援する方も同じ世代であった事。子どもを連れてイベントへ集まる母親も昔、ダンや郷が好きだった世代。『ティガ』はそれまでのウルトラシリーズとは違い、TBSではなく毎日放送の製作でした。撮影は初代『ウルトラマン』から使われている東宝ビルト撮影所で行われました。各社で特撮ものが作られ、専門書もたくさん出て、この世紀末は、やはり4回目の怪獣ブームだったと謂わざるを得ません。いまとなっては夢まぼろしの如く。デジタル転換へ向けたアナログ時代の最後の抵抗でした。いまはもう撮影所はありません。『ウルトラマンティガ』『ウルトラマンダイナ』『ウルトラマンガイア』、この3本をとくに平成3部作と呼ぶのは、作品への熱い思いをもつ人が多いからでしょう。主役のダイゴ隊員をV6の長野博が演じた事で、ジャニーズの女性ファンと子どもの母親をファンに呼び込みました。人類の半分は女性ですから実は男子向けの特撮ほど女性ファンが必要なジャンルはありません。平成3部作はその点で成功したと言えます。近年では『シン・ゴジラ』がファン層を広げました。特撮の未来を望むなら女性をつねに視野に入れるべきなんです。白を基調としたGUTSの隊員服は美しく、黒部進（ハヤタ）の娘で鳴り物入りした吉本多香美のレナ隊員に似合っていました。また、ウルトラシリーズ初の女性隊長も良かったです。『ティガ』は、丸山浩のデザイン、開米プロの造形で、シンプルな怪獣が多かった。オビコのような妖怪も違和感なく溶け込めました。メカデザインはすべてバンダイです。しかしそれほど玩具ぽくなくて全体として大人も楽しめる作品になっていました。『ティガ』の最大の特徴は、M78星雲の宇宙人ではない事。その体は器であり、光を得て「光の巨人」となる。最終回、世界中の子どもたちがティガに光を送ります。「みんながティガだ！」は力なき者の声です。光とはなにか？ かつて、遠い星から来た初代ウルトラマンやセブンは仲間のいのちを救うために自らを犠牲にしました。ティガ、ダイゴは悩みに悩んで答えを出します。みんなが好きだから、守りたい人がいるから！ 光は勇気、想い、いのち、冒険、愛。人の気持ちの力でしょう。不滅のヒーロー、ウルトラマン。楽しみはこれからも続きます。

ウルトラマンティガ　ウルトラマンティガ（マルチ）

# ULTRAMAN TIGA（MULTI）
## ウルトラの星は尽きまじ

　『ウルトラQ』がスタートして半世紀以上が過ぎた。今もテレビでは新作のウルトラマンが放送されている。一見、順風満帆に見えるウルトラシリーズだが、実は長い冬眠の期間があった。もう新作のウルトラマンを見ることはない。僕もそんな風に思っていた。それほど長い空白だったのだ。だが、時はやって来た。『ウルトラマン80』終了から16年後、ついに新たなウルトラマンが現れた。平成シリーズの幕開け、それがウルトラマンティガだった。3000万年の眠りから覚めた光の巨人。M78星雲のウルトラ兄弟とはまったく異なる設定。そして、史上もっとも美しいウルトラマンと評されるプロポーション。小さな頭、長い足、均整のとれた銀色の身体には赤と紫のラインが走る。このデザインを初めて目にした時、違和感より先に新鮮な息吹を感じた。マルチ、スカイ、パワーと3つのタイプにチェンジして様々な能力の怪獣や宇宙人と対峙するティガの活躍には、子供達のみならずオールドファンも喝采を送った。実際、エピソードも面白かったし、GUTSのチームワークやそれぞれのキャラも回を重ねるうちにどんどん際立っていった。しかもだ。レナ隊員のお父さんはハヤタ……もとい、黒部進氏だ。これも昭和と平成を繋ぐ実に小気味いいリンクとなっていた。ウルトラマンティガは間違いなく、新しい軸を打ち立てた。ティガが生まれなければ、この後に連綿と続くウルトラシリーズはなかったといっても過言ではない。

　ボークスもそんなティガを全面的に歓迎し、怪獣特捜隊にウルトラマンティガシリーズと銘打った新シリーズをスタートさせた。当時の月刊ホビージャパンでも何度となく記事が載ったことを覚えている。ヤマダマサミ氏の現場からのルポ記事も目を皿のようにして読んだ記憶がある。ここから後はすべて造形村が原型を担当し、続々と平成生まれの怪獣達がキット化されていく───筈だった。だが、残念ながら道半ばで計画は消滅してしまった。現在もまだ永い眠りの中にいる。ティガが生まれたように復活を期待したい。

　写真はティガの単体と、ゴルザ、メルバ、ガクマとの組み合わせで表現してみた。ティガの戦闘ポーズはすっくとした装いであり、銀色の巨人を一層美しく際立たせているように感じる。だが、30cmサイズのキットと比較すると17cmサイズでは情報量の少なさは否めない。この本を手に取られた原型師の皆さん、またはこれから造形を志そうと思っている皆さん、どうか平成のヒーローや怪獣の30cmキット化を熱くお願いします。必ずや僕等がそれを仕上げて、沢山の人に魅力を伝えるようにします。そう、ウルトラの星はいつまでも輝き続けるものですから。

**DATA**
登場話／第1話『光を継ぐもの』から 第52話『輝けるものたちへ』まで
発売元／ボークス 怪獣特捜隊 ウルトラマンティガシリーズ No.1
全高／155mm　全長／85mm　重量／70g　パーツ数／4点　付属品／なし　原型製作／造形村

ウルトラマンティガ　超古代怪獣 ゴルザ

# GOLZA

## 何事も最初が肝心

　宿命……。どんなに抗っても、そこからは決して逃れられない。シリーズ第一号の怪獣はその栄誉と共に、これから始まる物語を一身に背負わなければならない。ゴメス、ベムラー、クール星人、タッコング、ベロクロン……。彼等は皆、宿命を背負い、懸命に奮闘した。当然、否を唱える人もいるだろう。クール星人なんて特にそうかもしれない。でも、あれはあれでインパクトは大きかった。ウルトラマンとはタイプの違う連中が相手だということを強烈に焼き付けたのだから。ティガシリーズの第一号怪獣はゴルザだ。硬い殻に覆われたような上半身、大きく盛り上がった筋肉、獰猛な爬虫類を思わせる表情。いいぞゴルザ、ブルファイターみたいでカッコいいじゃないか。だが、ゴルザはもう一つの大きな枷を負う運命にあった。それはウルトラマンティガが16年振りに復活した新シリーズであるという事だ。16年という時間、絶対にコケられないという思い、ウルトラという国民的ヒーロー番組にかかる重圧、そのすべてを背負わなければならなかったのだ。これは言葉以上に重いものである。だがゴルザはその重圧を撥ね除け、見事に立った。平成ウルトラの代表格として、燦然とその地位を確立したのである。天晴れ、ゴルザ！

　キットはボークスのウルトラマンティガシリーズから。造形は造形村である。Jr.サイズなので決して大きくはないが、造型は細かい部分まで丁寧に造られており、身体を大きくひねった表現のおかげで躍動感が出て、決して小さくは感じない。それでもやっぱり、30cmサイズの情報量と比べると寂しくはなる。この本を一つのきっかけにして、今後、平成怪獣の30cmサイズが増えていくことを期待したい。初期のウルトラとはまた違った魅力的なモノ達が数多くいる。ゴルザなんてその筆頭格だ。新たな魅力を形にして、怪獣ガレージキットの世界がますます広がっていくことを心より願っている。

　写真の構成は同じく第一話に登場したメルバとの激突を軸にした。空と地上、鳥と獣。これは言うまでもなくウルトラQの第一話、ゴメスとリトラの再現である。躍動する二匹の巨獣の姿はとてもダイナミックで頼もしい。本編ではここにウルトラマンティガが加わったのだ。ウルトラQで成し得なかった素晴らしいビジュアルである。シリーズの成功はその瞬間に約束されたものとなった。

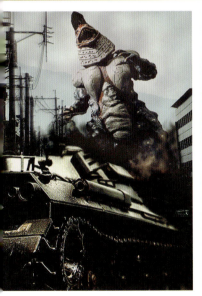

**DATA**
登場話／第1話『光を継ぐもの』
発売元／ボークス 怪獣特捜隊
　　　　ウルトラマンティガシリーズ No.2
全高／170mm
重量／340g
全パーツ数　9点
付属品／なし
原型製作／造形村

ウルトラマンティガ　超古代竜 メルバ

# MELBA

## 悪魔は再び……。
## 16年振りの物語はここから幕を開けた

　手法は違えど、古代人のメッセージが現代人に伝えられるという展開は「悪魔はふたたび」と同じである。だが、スタッフはこれだけでは終わらない。ここからウルトラの始まりたるウルトラQの第1話、「ゴメスを倒せ」をなぞり始める。ここで登場するゴメスは二足の恐竜型。リトラは鳥型である。ゴルザとメルバはまさにこのオマージュである。鳥型で有名なウルトラ怪獣と言えば、ペギラ、ドラコ、テロチルス、バードン辺りであろうか。二足や四足と比較すると数は圧倒的に少ない。理由は操演だと聞いた事がある。大きな着ぐるみを吊り上げて操るという事は、それだけ沢山の人手が掛かる。またスタジオの広さ、ホリゾントの高さも関係してくる。大空を自在に飛び回るラドンやモスラ、キングギドラは映画だからこそ成し得た。だが、ティガのスタッフは1話目から操演に果敢にアタックする。かつてはなかったCGを巧みに使う事によって、表現の幅を大きく広げていく。メルバは地上で暴れ、空へ舞い上がり、縦横無尽に飛び回る。しかし、仕掛けはまだ終わらない。この両者の間にウルトラマンというヒーローを挟み込み、「悪魔はふたたび」では成し得なかったどちらの怪獣とも戦うという展開を見せた。それもバージョンチェンジという大技を挟み込むという流れの中で……。実に上手い。平成ウルトラマンはこうして幕を開けたのだ。

　メルバもボークスのウルトラマンティガシリーズから発売された。造形も同じく造型村である。ゴルザやティガと比較してメルバはかなり大きい。両翼を広げると倍近くある。この巨体が実に効果的に飛ぶ。巨人像を破壊する時、ティガの背中を蹴りつける時、何よりティガというタイプチェンジをするニューヒーローの演出の為に。そんなメルバの勇姿を残そうと意気込んで製作に入ったのだが、これまた手強いものだった。羽は言うに及ばず、鎌のような両手と尻尾、手や膝や足に大きな爪が生えている。組み立て、パテ埋め、サフ吹き、ベースの塗装と慎重に進め、ようやく全体像が顕になった時、その問題は発覚した。なんとメルバの足を前後逆に取り付けていた。雑誌の写真を何度も見ていたにも関わらず、だ。「爪は前」という先入観からなんの疑いもなく足を逆に取り付けてしまっていた………。ウーッと唸りながら下塗りまでした足をへし折った時、こう思った。「ああ、昭和の怪獣と平成の怪獣はやっぱ違う………」

　ゴルザの項でメルバの絡みを多くしたので、ここでは意識して単体のものを作ってみた。どうだろう、この雄姿。単体でも十分に主役を張れるスタイルだと思う。ちなみに平成怪獣の中では山口氏のお気に入り。頼んでもないのにメルバの写真がやたら増えているのにはまいった……（苦笑）。

**DATA**
登場話／第1話『光を継ぐもの』
発売元／ボークス 怪獣特捜隊 ウルトラマンティガシリーズ No.3
全高／175mm　重量／295g　全パーツ数／11点
付属品／なし　原型製作／造型村

ウルトラマンティガ　岩石怪獣 ガクマ（β）

# GAKUMA（β）　「地底」と「四つ足」にハズレ無し

　これ、怪獣のファンの定説なんですよね。よく分からないって顔してるそこのあなた、了解しました。本日はあなただけに、特別にレクチャーして差し上げましょう。まずは論より証拠、ざっと名前を挙げていきますね。パゴス、ネロンガ、マグラ、ガボラ。ほぉら、これみんな、地底から這い出てきた四つ足怪獣ですよ。カッコいいでしょう。ハズレてないでしょう。ちなみにこれ、全部同じ着ぐるみでもあります。元は東宝のバラゴンで……、え、なに？　二本足で立ってるパゴスの写真を見たことがあるぞって？　そりゃもちろん四つ足怪獣だって二本足で立つこともありますよ。イヌだってネコだってそうでしょう。それでも基本は四つ足だってことです。さて、逸れた話を元に戻してさらに続けますよ。他にも挙げれば、ゴルゴス、ケムラー、ザンボラーにキングザウルス三世、マグネドンと枚挙に暇（いとま）がありません。この流れは平成になっても同じで、ガクマみたいな昭和ウルトラの系譜を引き継いだカッコいい怪獣が誕生するワケです。どうです、やっぱり「地底」と「四つ足」はご飯と味噌汁、パンにバターっていうくらい組み合わせが最高なんです。

　キットはボークス、ティガシリーズから。ガクマはこのシリーズの四作品目となります。額の角の形が違うαとβのコンパチキットなんですが、僕は迷わずβにしました。理由はシンプル、Vサインみたいでカッコイイからです。体表のザラザラした処理も素晴らしくて、いかにも岩石を常食としている伝説の神獣って感じです。あらためてガクマを見てみると、かつての四つ足怪獣達とくらべてなんら見劣りするところはありません。デザインも雰囲気も実に素晴らしい。このキットはJr.と同サイズですので小さいです。小さいとどうしても情報量は少なくなってしまいます。もしガクマが30cmサイズで作られたら、目を見張るほどの存在感を放つものと信じています。この本を見てトライしてみようと奮起される方が出てくれれば、これからの怪獣ガレージキットシーンも安泰なんですが……。

　写真も一切の小細工なし。王道のブロマイド風にせめてます。どうです、こうやって見るとガクマって凛々しいでしょう。ゴモラとの洞窟での諍いをいれたのは、昭和と平成の垣根を越えたかったから。地底の大洞窟ではこんなぶつかり合いが起きているのかもしれないという、世界観の広がりを感じてもらえたら嬉しいです。

**DATA**
登場話／第2話『石の神話』
発売元／ボークス 怪獣特捜隊 ウルトラマンティガシリーズ No.4
全高／100mm　重量／320g　パーツ数／8点
付属品／角（α用パーツ・β用パーツ）　材質／ウレタン樹脂　原型／造形村

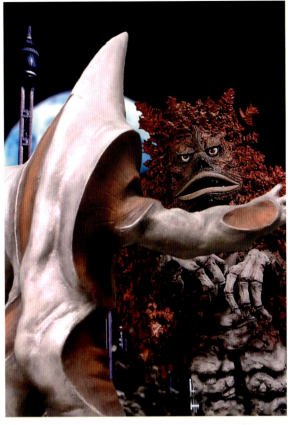

**DATA**
登場話／第7話『地球に降りてきた男』
発売元／ボークス 怪獣特捜隊 ウルトラマンティガシリーズ No.7
全高／175mm　全長／80mm　重量／160g
パーツ数／3点　付属品／なし　原型製作／造形村

ウルトラマンティガ　悪質宇宙人 レギュラン星人

# ALIEN REGURAN

## 名は体を表す

　悪質宇宙人という別名はメフィラス星人だけのものだと思っていた。とはいえ、メフィラス星人は「悪」ではあるが、「悪質」とはちょっと違っていたようにも思う。確かに短気であり、ずる賢い。しかし、ウルトラマンと同等の力を持ち、引き際も知っている大人の宇宙人だった。では、レギュラン星人はどうだろう。こちらは別名の通り、ものの見事に悪質だ。こと卑怯さ、セコさに掛けては他の追随を許さない。大した実力もないくせに大言壮語で自分を大きく見せようとするなどまさに悪質、非常に質が悪い。この際、悪質宇宙人の別名はレギュラン星人のものとし、メフィラス星人はストレートに悪宇宙人でよいと思うのだが、いかがだろうか。──などと辛辣な言葉で始めたが、造形は非常に魅力的だ。全身は基本色が宇宙をイメージさせるシルバー、しかし、余計な箇所をばっさりとナイフで削ぎ落とし、肉の断面を敢えて晒すかのような醜悪さ………。目なのか耳なのか、紫色の切れ込みの奥に光る赤い点滅がなんとも禍々しい。このようなテイストの宇宙人は、昭和にはなかったような気がする。デザイナーの丸山氏が生み出した傑作の一つだと思う。
　このキットもボークスのウルトラマンティガシリーズから。造形も同じく造形村である。
　組み立てにはなんのストレスもないが、反面、塗装は気を使うことが多かった。全身を一度ダークグレーで塗りあげた後、凹みにはブラウンとパープルを、凸にはシルバーとブラックを乗せていく。あまりやり過ぎるとおもちゃっぽくなるので、少々暗めの仕上がりとなっている。面白いのは角度を変えて眺めるといろんな表情が見えてくるということだ。それは合成写真にも如実に表れている。前後左右でここまで印象が違う宇宙人も珍しい。また、光の当たり具合によっても大きく変化する。そうそう、死体置き場のような場所はこの本でキットの撮影や合成写真の修正などに携わってくれた土井氏からの提供だ。土井氏の本業は商業デザイナーであり、この時はお化け屋敷設営の真っただ中だった。薄暗い部屋、皮を剥かれた人体、死体袋。質の悪いレギュラン星人を彩るにはピッタリだということで使わせていただいた。どうだろう、見事に体を表しているようには見えないだろうか。

ウルトラマンティガ　深海怪獣 レイロンス

# LEILONS
## 人の罪で生まれしもの

　それは初代ゴジラから延々と続いている。核実験の影響を受け、突然変異を起こした異形の存在が、突如我々の前に姿を現して猛威を振る。かつてのラゴンもそうであったように、このレイロンスもまた地下核実験で海が汚染され、海洋生物が突然変異したものだ。グロテスクな深海魚が巨大化したような姿は不気味で、どこか嫌悪感を催すような姿形である。ところがだ。醜悪な姿とは裏腹に、動いていると全然怖くない。イルカのような啼き声を上げてはピョンピョンと辺りを飛び跳ね、まるでイタズラを楽しむ子供のように、ティガに水やらシャボン玉やら光線を当ててキャッキャと喜ぶ。あまりの落差に唖然とするほどだ。人の罪で生まれしものにしては、ちょっと軽すぎるようにも見える演出だった。

　レイロンスも当然、ボークスのウルトラマンティガシリーズの一つだ。もちろん造形も造形村である。造形はとても丁寧でバランスもよく、ティガ怪獣の面白さを存分に味合わせてくれるものとなっている。ミミズが無数にのたうったような頭部、同じく小さくてまるでノコギリのような歯、手足に背中と複数あるヒレの絶妙なライン、甲羅のような体表とは一転、柔らかそうな腹部。立体化するには難易度の高いアイテムだった筈だ。もちろん塗装にも相当難儀させられた。黄と緑という配色はピタリとはまると実に美しいが、単純に塗り過ぎるとそれこそおもちゃにしか見えなくなってしまう。黄色いヒレは盛り沢山、全身は緑の岩肌のような体表、白いお腹に手足の継ぎ目には茶色の腱のような筋が無数に走っていて、なんとそこら中に無数の斑模様まである。Jr.サイズで塗装だけで3日を跨ぐのは本当に久し振りの事だった。これがいつか30cmサイズで出るとなると……。今は考えるのはよそう。

　そんなレイロンスの写真は、本編にはない凄みや哀しみや怒りを滲ませるものとなっている。人の傲慢さを打ち砕く海神の如き存在として、暴れ回る姿を表現してみた。レイロンスファンからはお叱りを受けそうだが、見えないもの、見たかったものを形にするというモデリーングワールドのコンセプトに沿っているので、どうか許してほしい。

　最後に余談を一つ。この回の印象をラストですべて持っていくのは、レナ隊員の水着姿だ。何をぶつけようとも、こればっかりは太刀打ちできない。

### DATA
登場話／第12話『深海からのSOS』
発売元／ボークス 怪獣特捜隊 ウルトラマンティガシリーズ No.13
全高／185mm
重量／460g
パーツ数／9点
付属品／なし
原型製作／造形村

ウルトラマンティガ　強酸怪獣 リトマルス

# LITOMALUS

## 平成の世のツインテール

　上に鞭、頭が下にあるとくれば思い浮かぶのは誰しもツインテールだと思う。新マンきっての、いや、数あるウルトラ怪獣の中でもトップクラスの知名度とインパクトを誇る怪獣だからだ。リトマルスのデザインを見た時、これはデザイナーの丸山氏が仕掛けたツインテールへの愛情、先ごろ鬼籍に入られた池谷仙克氏に対するオマージュだと感じた。細かく全体に目を向けていくと、フジツボと水晶が共存しているような体表、足元は回転するモップで路上を掃除する清掃車そのものだ。これでわさわさと動くのだからたまらない。ポイントはリトマルスの目。ツインテール同様、実にチャーミングなのだ。あちらがつけま仕様のスリーピングアイなら、こちらはヤギやヒツジといった草食動物の一本線のような細い瞳。こんな目をしている怪獣は他にはちょっと見当たらない気がする。なのにだ。リトマルスは強酸でそこら中の樹木を枯らす。優しい目をした悪い奴なのだ。いつの世でも外見に騙されてはいけないという教訓である。

　キットはもちろんボークスのウルトラマンティガシリーズから。よくぞリトマルスまでも造形化してくれたものだ。かつてボークスに取材に訪れた際、未発売の原型を無数に見たことがある。ティガ怪獣もすべて立体化しようと動いていたのは事実だ。それが諸般の事象で叶わなかったのはつくづく残念でならない。さて、リトマルスもJr.ワールドにおいてはバキシムやオクスター同様大きな部類に入る。約17cmサイズに統一されているコレクションだが、こちらは優に20cmを越える。特に纏のような飾りのついた長い両手を取り付けると邪魔で仕方がない。とはいえ、これがリトマルスの特徴の一つなのだ。外すわけにもいかない。ともかく、置き場にやたらと苦労する怪獣なのは間違いない。

　写真は面白く仕上がったと思うがいかがだろうか。とかく、頭が下にある奴は合成には不向きだ。ローアングルにするとやたらと顔がアップになって、他に視線が届きにくくなる。そんなリトマルスを山口氏は身体の一部分で切り取ったり、俯瞰で全体像を見せたり、背面のカットなどを混ぜて存分に魅力を引き出している。特に背面のカットなんかは出色の出来だと思う。パッと見、何か分からない感じが面白い。仲間内で「背面の魔術師」と異名を取る山口氏ならではの感性だ。

### DATA
登場話／第24話『行け!怪獣探検隊』
発売元／ボークス 怪獣特捜隊 ウルトラマンティガシリーズ No.14
全高／210mm　全長／165mm　重量／400g
パーツ数／6点　付属品／なし　原型製作／造形村

# ULTRA MODELING WORLD GK ARCHIVES

## ウルトラモデリングワールドガレージキットアーカイブ

ここでは、本誌に登場した怪獣ガレージキット全56体を、小森氏とその友人の協力によって集められた貴重な当時のボックスアートやインストと共に改めてご覧いただこう。

**ゴメス GOMESS**
別名／古代怪獣
登場話／第1話『ゴメスを倒せ!』
発売元／痛快娯楽劇場
全長／400mm　重量／2600g
全パーツ数／19点＋塩ビ2点
材質／ウレタン樹脂　付属品／なし　原型製作／橋本 智

**リトラ LITRA**
別名／原始怪鳥
登場話／第1話『ゴメスを倒せ!』
発売元／痛快娯楽劇場
全長／200mm（ベース込み）
重量／650g（ベース込み）
全パーツ数／7点＋ベース2点
材質／ウレタン樹脂
付属品／なし　原型製作／橋本 智

**ペギラ PEGUILA**
別名／冷凍怪獣
登場話／第5話『ペギラが来た!』第14話『東京氷河期』
発売元／MERMAID 円谷コレクション No.2
全長／300mm　重量／1400g　パーツ数／10点　付属品／なし
材質／ウレタン樹脂　原型師／大石 透

**ガラモン GARAMON**
別名／隕石怪獣
登場話／第13話『ガラダマ』第16話『ガラモンの逆襲』
発売元／ボークス オリエントヒーローシリーズ No.33
全高／295mm　重量／1200g
全パーツ数／8点　材質／ウレタン樹脂　付属品／鱗パーツ
原型製作／大石 武司

**カネゴン KANEGON**
別名／コイン怪獣
登場話／第15話『カネゴンの繭』
発売元／痛快娯楽劇場
全高／340mm　重量／1100g　全パーツ数／13点
材質／ウレタン樹脂　付属品／雑誌　原型製作／橋本 智

**パゴス PAGOS**
別名／地底怪獣
登場話／第18話『虹の卵』
発売元／MERMAID 円谷コレクション No.1
全長／450mm　重量／1400g　パーツ数／13点
付属品／なし　材質／ウレタン樹脂　原型師／大石 透

**ケムール人 KEMUR**
別名／誘拐怪人
登場話／第19話『2020年の挑戦』
発売元／おまんたワールド おまんた悦楽シリーズ
全高／290mm　重量／500g
全パーツ数／10点　材質／ウレタン樹脂
付属品／エンドマークのプレート　原型製作／高垣 利信

**ウルトラマン ULTRAMAN（A TYPE）**
登場話／第1話『ウルトラ作戦第一号』から 第13話『オイルSOS』まで
発売元／海洋堂 メガソフビレプリカ レジン版
全高／380mm　重量／1600g（台座込み）　全パーツ数／8点
材質／ウレタン樹脂　付属品／ディテールアップ用透明パーツ
原型製作／木下 隆志

**ベムラー BEMULAR**
別名／宇宙怪獣
登場話／第1話『ウルトラ作戦第一号』
発売元／アス工房 アレイド ウルトラマンシリーズ 第一弾
全高／370mm　重量／1000g　全パーツ数／13点
材質／ウレタン樹脂　付属品／なし　原型製作／浅川 洋

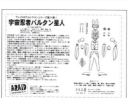

**バルタン星人 ALIEN BALTAN**
別名／宇宙忍者　登場話／第2話『侵略者を撃て』
発売元／アス工房 アレイド ウルトラマンシリーズ 第六弾
全高／360mm　重量／600g　全パーツ数／25点
材質／ウレタン樹脂　付属品／なし　原型製作／浅川 洋

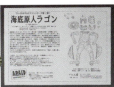

**ラゴン** RAGON
別名／海底原人　登場話／第4話『大爆発五秒前』
発売元／アス工房 アレイド ウルトラマンシリーズ 第三弾
全長／330mm　重量／700g
全パーツ数／14点　材質／ウレタン樹脂
付属品／原爆パーツ　原型製作／浅川 洋

**レッドキング** RED KING
別名／髑髏怪獣　登場話／第8話『怪獣無法地帯』
発売元／ボークス オリエントヒーローシリーズ No.11
全高／350mm　重量／2600g（レジンキャスト注入により増量）
パーツ数／11点　付属品／なし　材質／ウレタン樹脂
原型師／大石 武司

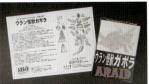

**ガボラ** GAVORA
別名／ウラン怪獣　登場話／第9話『電光石火作戦』
発売元／アス工房 アレイド ウルトラマンシリーズ 第九弾
全長／590mm（ヒレ開き）重量／2000g（ヒレ開き）
パーツ数／26点（デラックス版）
付属品／ヒレ開き、ヒレ閉じの二種 眼球パーツ4個　原型製作／浅川 洋

**ジラース** JIRAHS
別名／襟巻怪獣　登場話／第10話『謎の恐竜基地』
発売元／ファルシオン　全高／340mm
重量／2000g　パーツ数／25点　付属品／岩
材質／ウレタン樹脂　原型師／稲田 喜秀

**ガマクジラ** GAMAKUGIRA
別名／汐吹き怪獣　登場話／第14話『真珠貝防衛指令』
発売元／アトラゴンGK 30CM ウルトラ怪獣シリーズ No.2
全長／400mm　重量／2000g　パーツ数／7点
付属品／補修パーツ（インセクトピン・ビーズパーツ・リングパーツ）
材質／ウレタン樹脂　原型／宮崎 逸志

**バルタン星人二代目** ALIEN BALTAN II
別名／宇宙忍者　登場話／第16話『科特隊宇宙へ』
発売元／アス工房 アレイドウルトラマンシリーズ 第十一弾
全高／380mm　重量／700g　全パーツ数／35点
材質／ウレタン樹脂　付属品／なし　原型製作／浅川 洋

**アボラス** ABORAS
別名／青色発泡怪獣　登場話／第19話『悪魔はふたたび』
発売元／ボークス オリエントヒーローシリーズ No.42
全高／270mm　重量／1200g　パーツ数／6点
付属品／カプセル　材質／ウレタン樹脂
原型／村田 幸徳

**バニラ** BANILA
別名／赤色火焔怪獣　登場話／第19話『悪魔はふたたび』
発売元／ボークス オリエントヒーローシリーズ No.43
全高／290mm　重量／910g　全パーツ数／6点
材質／ウレタン樹脂　付属品／カプセル
原型製作／村田 幸徳

**ゴモラ** GOMORA
別名／古代怪獣　登場話／第26話『怪獣殿下（前篇）』
第27話『怪獣殿下（後篇）』
発売元／アス工房 アレイド ウルトラマンシリーズ 第四弾
全高／360mm　重量／2200g　全パーツ数／12点
材質／ウレタン樹脂　付属品／なし　原型製作／浅川 洋

**ゴルドン** GOLDON
別名／黄金怪獣
登場話／第29話『地底への挑戦』
発売元／吉野屋徳兵衛　全高／270mm
重量／2000g　全パーツ数／17点
材質／ウレタン樹脂　付属品／なし
原型製作／橋本 智

**ウー** WOO
別名／伝説怪獣　登場話／第30話『まぼろしの雪山』
発売元／アス工房 アレイド ウルトラマンシリーズ 第五弾
全長／340mm　重量／2200g　全パーツ数／32点
材質／ウレタン樹脂　付属品／なし　原型製作／浅川 洋

**ザラガス** ZARAGAS
別名／変身怪獣　登場話／第36話『射つな！アラシ』
発売元／アス工房 アレイド ウルトラマンシリーズ 第七弾
全高／335mm　重量／2200g　全パーツ数／23点＋140個
材質／ウレタン樹脂　付属品／なし　原型製作／浅川 洋

**ジェロニモン** GERONIMON
別名／怪獣酋長
登場話／第37話『小さな英雄』
発売元／アス工房 アレイド ウルトラマンシリーズ 第十三弾
全高／420mm（羽根の先端まで）　重量／1600g
全パーツ数／87点　材質／ウレタン樹脂
付属品／なし　原型製作／浅川 洋

**ウルトラセブン** ULTRASEVEN
登場話／第1話『姿なき挑戦者』から第49話『史上最大の侵略（後編）』まで
発売元／ボークス オリエントヒーローシリーズ No.10
全高／310cm　重量／600g（台座込み）
全パーツ数／7点　材質／ウレタン樹脂
付属品／台座 腕（コンパチ）　原型製作／圓句 昭浩

**ウインダム** WINDOM
別名／カプセル怪獣
登場話／第1話『姿なき挑戦者』 第24話『北へ還れ！』
第38話『セブン暗殺計画（前編）』
発売元／おまんたワールド 30cmの悦楽シリーズ 第6弾
全高／360mm　重量／910g
全パーツ数／7点　材質／ウレタン樹脂
付属品／カプセル・メタルパーツ　原型製作／高垣 利信

**ミクラス** MICLAS
別名／カプセル怪獣
登場話／第3話『湖のひみつ』　第25話『零下140度の対決』
発売元／怪獣無法地帯 Monster Classics No.19
全高／4285mm　重量／1600g
全パーツ数／13点　材質／ウレタン樹脂
付属品／なし　原型製作／村田 幸徳

**ワイアール星人** ALIEN WAIELL
別名／生物X
登場話／第2話『緑の恐怖』
発売元／おまんたワールド 悦楽シリーズ第10弾
全高／350mm　重量／1400g（台座込み）
全パーツ数／63点　材質／ウレタン樹脂
付属品／なし　原型製作／橋本 智

**ゴドラ星人** ALIEN GODOLA
別名／反重力宇宙人
登場話／第4話『マックス号応答せよ』
発売元／怪獣無法地帯 Monster Classics No.1
全高／30cm　重量／500g
全パーツ数／3点　材質／ウレタン樹脂
付属品／なし　原型製作／川岸 敬厳

**メトロン星人** ALIEN METRON
別名／幻覚宇宙人
登場話／第8話『狙われた街』
発売元／吉野屋徳兵衛
全高／315mm　重量／800g
全パーツ数／6点　材質／ウレタン樹脂
付属品／結晶体入り煙草　原型製作／橋本 智

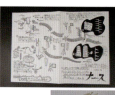

**ナース** NURSE
別名／宇宙竜
登場話／第11話『魔の山へ飛べ』
発売元／痛快娯楽劇場
全高／1200mm　重量／1000g
全パーツ数／55点　材質／ウレタン樹脂
付属品／ナース円盤型二種類　原型製作／橋本 智

**ギラドラス** GIRA DORUS
別名／核怪獣　登場話／第20話『地震源Xを倒せ』
発売元／かなめみお 怪々大行進シリーズ No.028　全高／220mm　重量／2600g
全パーツ数／35点　材質／ウレタン樹脂　付属品／なし　原型製作／森下 要

**ガンダー** GANDAR
別名／凍結怪獣
登場話／第25話『零下140度の対決』
発売元／怪獣無法地帯 Monster Classics No.12
全高／335mm　重量／1500g（台座込み）
全パーツ数／11点　材質／ウレタン樹脂
付属品／メタルパーツ　原型製作／村田 幸徳

**ギエロン星獣** STARBEM GYERON
別名／再生怪獣
登場話／第26話『超兵器R1号』
発売元／ボークス オリエントヒーローシリーズ No.37
全高／310mm　重量／1720g
全パーツ数／10点　材質／ウレタン樹脂
付属品／なし　原型製作／高垣 利信

**ガッツ星人** ALIEN GUTS
別名／分身宇宙人
登場話／第39話『セブン暗殺計画（前編）』
第40話『セブン暗殺計画（後編）』
発売元／かなめみお 怪々大行進シリーズ No.016
全高／4320mm　重量／800g　全パーツ数／6点　材質／ウレタン樹脂
付属品／なし　原型製作／森下 要

### 帰ってきたウルトラマン RETURN OF ULTRAMAN
登場話／第1話『怪獣総進撃』から 第51話『ウルトラ5つの誓い』まで
発売元／アス工房 アレイド マーミット リアルソフビ レジン版 第二弾
全高／310mm 重量／500g 全パーツ数／10点 材質／ウレタン樹脂
付属品／なし 原型製作／浅川 洋

### ザザーン ZAZARN
別名／ヘドロ怪獣
登場話／第1話『怪獣総進撃』
発売元／かなめみお 怪々大行進 No.052
全高／330mm 重量／1600g
全パーツ数／26点 材質／ウレタン樹脂
付属品／なし 原型製作／森下 要

### デットン DETTON
別名／地底怪獣
登場話／第3話『恐怖の怪獣魔境』
発売元／アス工房 モンスターズコレクション 第五弾
全高／270mm 重量／1190g
全パーツ数／14点 材質／ウレタン樹脂
付属品／なし 原型製作／浅川 洋

### グドン GUDON
別名／地底怪獣
登場話／第5話『二大怪獣東京を襲撃』 第6話『決戦!怪獣対マット』
発売元／ボークス オリエントヒーローシリーズ No.33
全高／305mm 重量／1100g
全パーツ数／32点 材質／ウレタン樹脂
付属品／なし 原型製作／河本 健次

### ツインテール TWINTAIL
別名／古代怪獣
登場話／第5話『二大怪獣東京を襲撃』
第6話『決戦!怪獣対マット』
発売元／ボークス オリエントヒーローシリーズ No.38
全高／280mm 重量／1800g
全パーツ数／11点 材質／ウレタン樹脂
付属品／タイトルプレート 原型製作／河本 健次

### テロチルス TEROCHILUS
別名／始祖怪鳥
登場話／第16話『大怪鳥テロチルスの謎』
第17話『怪鳥テロチルス東京大空爆』
発売元／吉野屋徳兵衛 ウルトラ怪獣シリーズNO.7
全高／340mm 重量／1200g
全パーツ数／12点 材質／ウレタン樹脂
付属品／なし 原型製作／浅川 洋

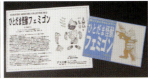

### ビーコン BEAKON
別名／電波怪獣
登場話／第21話『怪獣チャンネル』
発売元／アス工房 アレイド ウルトラ怪獣コレクション 第一弾
全高／320mm 重量／1100g
全パーツ数／25点 材質／ウレタン樹脂
付属品／なし 原型製作／浅川 洋

### ノコギリン NOKOGILIN
別名／昆虫怪獣
登場話／第26話『怪奇! 殺人甲虫事件』
発売元／アス工房 モンスターズコレクション 第一弾
全高／365mm 重量／1200g
全パーツ数／15点 材質／ウレタン樹脂
付属品／なし 原型製作／浅川 洋

### フェミゴン FEMIGON
別名／人魂怪獣
登場話／第47話『狙われた女』
発売元／アス工房 モンスターズコレクション 第二弾
全高／340mm 重量／1800g
全パーツ数／20点 材質／ウレタン樹脂
付属品／なし 原型製作／浅川 洋

### ウルトラマンエース ULTRAMAN ACE
登場話／第1話『輝け!ウルトラ五兄弟』から
第52話『明日のエースは君だ!』まで
発売元／アス工房 アレイド マーミット リアルソフビ レジン版 第一弾
全高／310mm 重量／500g 全パーツ数／10点 材質／ウレタン樹脂
付属品／なし 原型製作／浅川 洋

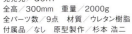

### バキシム VAKISHIM
別名／一角超獣
登場話／第3話『燃えろ!超獣地獄』
発売元／GORT
全高／300mm 重量／2000g
全パーツ数／9点 材質／ウレタン樹脂
付属品／なし 原型製作／杉本 浩二

### ガラン GARAN
別名／怪魚超獣
登場話／第4話『3億年超獣出現!』
発売元／GORT
全高／310mm 重量／1600g
全パーツ数／24点 材質／ウレタン樹脂
付属品／なし 原型製作／杉本 浩二

**アリブンタ** ARIBUNTA
別名／大蟻超獣　登場話／第5話「大蟻超獣対ウルトラ兄弟」
発売元／GORT　全高／340mm　重量／1500g　パーツ数／16点
付属品／ギロン人　材質／ウレタン樹脂　原型師／杉本 浩二

**ブロッケン** BROCKEN
別名／変身超獣　登場話／第6話『変身超獣の謎を追え!』
発売元／GORT　全高／315mm　重量／1400g
パーツ数／25点　付属品／なし　材質／ウレタン樹脂
原型師／杉本 浩二

**バラバ** VARAVA
別名／殺し屋超獣
登場話／第13話『死刑!ウルトラ5兄弟』
第14話『銀河に散った5つの星』　発売元／GORT
全高／310mm　重量／1300g　パーツ数／19点　付属品／なし
材質／ウレタン樹脂　原型師／杉本 浩二

**ウルトラマンティガ（マルチ）** ULTRAMAN TIGA (MULTI)
別名／光の巨人　登場話／第1話『光を継ぐもの』から
第52話『輝けるものたちへ』まで
発売元／ボークス 怪獣特捜隊 ウルトラマンティガシリーズ No.1
全高／155mm　全長／85mm　重量／70g
パーツ数／4点　付属品／なし　原型製作／造形村

**ゴルザ** GOLZA
別名／超古代怪獣　登場話／第1話『光を継ぐもの』
発売元／ボークス 怪獣特捜隊 ウルトラマンティガシリーズ No.2
全高／170mm　重量／340g　全パーツ数／9点
付属品／なし　原型製作／造形村

**メルバ** MELBA
別名／超古代竜　登場話／第1話『光を継ぐもの』
発売元／ボークス 怪獣特捜隊 ウルトラマンティガシリーズ No.3
全高／175mm　重量／295g　全パーツ数／11点　付属品／なし　原型製作／造形村

**ガクマ（β）** GAKUMA (β)
別名／岩石怪獣　登場話／第2話『石の神話』
発売元／ボークス 怪獣特捜隊 ウルトラマンティガシリーズ No.4
全高／100mm　重量／320g　パーツ数／8点
付属品／角（α用パーツ・β用パーツ）　材質／ウレタン樹脂　原型／造形村

**レギュラン星人** ALIEN REGURAN
別名／悪質宇宙人　登場話／第7話『地球に降りてきた男』
発売元／ボークス 怪獣特捜隊 ウルトラマンティガシリーズ No.7
全高／175mm　全長／80mm　重量／160g
パーツ数／3点　付属品／なし　原型製作／造形村

**レイロンス** LEILONS
別名／深海怪獣　登場話／第12話『深海からのSOS』
発売元／ボークス 怪獣特捜隊 ウルトラマンティガシリーズ No.13
全高／185mm　重量／460g　パーツ数／9点
付属品／なし　原型製作／造形村

**リトマルス** LITOMALUS
別名／強酸怪獣　登場話／第24話『行け!怪獣探検隊』
発売元／ボークス 怪獣特捜隊 ウルトラマンティガシリーズ No.14　全高／210mm
全長／165mm　重量／400g　パーツ数／6点　付属品／なし　原型製作／造形村

# 座談会
## ULTRA MODELING WORLD

# ウルトラモデリングワールドをつくった男たち

### ウルトラモデリングワールド誕生のきっかけとは？

**小森**：去年（2016年）の3月に沖縄で森次晃嗣さんや桜井浩子さんと金城哲夫さんに関する講演会に出たんです。その日の夜に円谷プロさんに山口さんの画像を見せて「これを本にしたいんですけどいいですか」と聞いたのは覚えているんですよ。

**山口**：SNSで（小森）先生のガボラの写真を使いたいなとつぶやいたら先生から許可をいただけたので、ガボラとパゴスの画像を作って送ったんです。

**小森**：山口さんが合成写真を作ってみようと思ったきっかけは何だったんですか？

**山口**：私は海浜幕張に住んでいるんですけど、あそこのビル街にゴジラが登場したら面白いんじゃないかなとよく想像していたんです。それで何年か前に大雪が降ったじゃないですか、あそこに何か出てきたら面白いと思ってスマホをいじっていたら、意外と簡単にできちゃったんです。

**小森**：最初に作ったのは？

**山口**：ゴジラです。あとはウルトラマンですね。簡単にできるので続けていたら、今の原形のようなものも作れるようになってきました。

**小森**：はじめはスマホで作ってるって全然知らなくて…。自分やkazさんの作品を使った写真がたまっていくうちに「イケける」って確信に変わっていったんです。それで円谷プロさんにお話して、そこからホビージャパンさんに伝わって、この企画が実現したという感じですね。

### はじまりは「帝都怪獣倶楽部」から

**小森**：話は前後しますけど、そもそもこのメンバーが集まったのは、横山（宏）先生がフェイスブックで作った「帝都怪獣倶楽部」という集まりがきっかけだったんです。

**kaz**：横山先生と小森先生とビリケンの社長の三原さんが初めて会った日に記念として作ったものだったんですよね。名付け親は三原さんでした。

**小森**：そこに好きな人が集まってこういったメンバーになったんですよ。

**kaz**：僕のホームページを見ていただいていた横山先生とは先に友達になっていたんですけど、いきなり小森先生から「会えませんか？」ってメールが来てびっくりしたんです。だって自分はプロでもない一般人ですよ！

**小森**：自分も怪獣ガレージキットを作るから、いろんな人の作品を見たいじゃないですか、そんなときにkazさんのホームページを見て「上手いなー」と思っていたところ、ちょうど大阪で仕事があったので、一方的にお会いできないかメールを入れたんです。

**kaz**：どうしたらいいのか分からなくて思わず横山先生に「どうしましょう」と相談したところ、横山先生からも「会うべきだ」と言っていただいて、小森先生と初めてお会いしたんです。

**小森**：それが2013年頃ですね。

**kaz**：横山先生、今すっごい自慢してますよ。

「あの本ができたのはわしのおかげ」って(笑)。

**小森**：土井さんと会ったのはその後くらいですね。最初は僕がキングギドラを作るときに羽の製作を手伝ってもらって、その後も横山先生のトリビュート展でも手伝ってもらったり…。そういったことをしている間にだんだんとこの企画が盛り上がっていったんです。

**山口**：私はその頃どんどん先生やkazさんに写真を送っていました(笑)。

**kaz**：山口さんの写真は勉強にもなりましたね。こんな色にも塗れるんだと。

**小森**：山口さんと初めて会ったのはトリビュート展が始まってすぐでしたね。スーツ姿ですごいサラリーマンって感じの人が現れて、「これはイメージと違うぞ」と。でもそのときkazさんが持っていたバルタン星人のフィギュアからあっという間にスマホで画像を作ったのを見て、これは本物だと(笑)。

**山口**：簡単なものなら10分くらいでできます。

## 「ウルトラモデリングワールド」始動!

**小森**：こんな感じで始まったわけですけど、本格的にやりましょうって決めてからも大変なことがありましたね。

**kaz**：まずは物が無いっていうのが大きかったですね。小森先生の作品は手元にありますけど、僕の方は手元に作品が残ってないんですよ。

**小森**：kazさんは依頼を受けてキットを仕上げるカラーリストなので手元にキットが無いんです。幸いオーナーさんからは許可をいただけて、その後、kazさんと土井さんが素材を撮影にオーナーさんのいる長野に行ったんですよね。

**土井**：なかなかの珍道中でした(笑)。

**小森**：この撮影のおかげでキットのバリエーションが一気に増えました。その後に編集部と怪獣の選定をして、山口さんに頼んだのが夏場でしたよね。目標200枚でお願いしたんでしたっけ?

**山口**：最初は50って話でした(笑)。

**kaz**：よくある話です(笑)。

**小森**：都合の悪いことどんどん忘れてますねー(笑)。

**山口**：最初は50体の怪獣で50枚という話だったんですけど、それが1体につき4枚ということになって…。

**小森**：そうなったのはやっぱり山口さんの作る写真が面白かったからでしょうね。見ているうちに「もっといける」と自分の中でスイッチが入ったんだと思います。

**山口**：リストで最後に不足のリストがあって、それが50枚くらいあったんですよね。それを全部チェックして作ったんです。

**小森**：リストといえば……驚いたことにウルトラマンが最後まで無かったという…。

**kaz**：小森先生が「kazさん、ウルトラマンいりますよね」と。お互い怪獣ばかり作っていて、頭から完全に抜けていました。

**小森**：やばいと思いました。セブンも無いし…。それで土井さんも含めて3人で手分けして作ることにしました。そのときひとつエピソードがあるんですけど、私の自宅でkazさんと土井さんで打ち合わせしたとき、kazさんが棚の扉を開けたとたんに飾っていたメタリノームが倒れて弾け飛んだですよ。それを見てkazさんが、「いろんなものを塗ります!」と言ってくれたので、ウルトラマンからワイアール星人、グリーンモンス(本誌未収録)まで全部塗ってもらいました(笑)。

**kaz**：あれを見せられたら「塗ります」と言うしか無かったですね。

**小森**：その間に自分は超獣を塗って、まさにシンナーまみれの日々でしたね。最後は「二度と塗らん!」と思いました。それでキットが夏に勢ぞろいして、山口さんの苦労がMAXになるわけですけど、どのあたりが大変でしたか?

**山口**：怪獣というよりも、写真のアングルが自分の想定に無いものがあって、それをどう組み合わせるかということと、シンプルなポーズの怪獣や宇宙人には苦労しました。特にメトロン星人とバニラ、ゴルドンも難しかったですね。

**小森**：逆に山口さんが好きな怪獣は異常にノリノリで分かりやすかったです。

**山口**：ゴモラとかラゴン、ガラモンやバルタン星人も作りやすいですね。『ウルトラQ』の怪獣は特に作りやすいです。

**小森**：やっぱり子供の頃の思い入れがあるんでしょうね。

**山口**：そうですね。『ウルトラQ』や『ウルトラマン』は自分の中でイメージが固まりやすいですね。だから『ウルトラマンA』の超獣とか観ていたけど忘れちゃってる怪獣は、ネットでストーリーや画像を調べてから頭のなかで組み直して作品を作るようにしていました。

**小森**：今思い出したんですけど、超獣で山口さんが作品を作ってきたときに「すごい!」と思ったんですよ。あのときにこの本を作りたいというスイッチがさらに入りました。

**山口**：最初は『タロウ』とかの怪獣もやるっていうお話でしたよね。それが『A』と『ティガ』に絞ろうということになって…。

**小森**：それ以降の怪獣は(ガレージキットが)少ないんですよね。

**kaz**：売れないからキットが出ないんですよ。

**小森**：だからkazさんとこれを機会に後期の怪獣も30cmサイズで原型師さんがキット化にチャレンジしてくれればいいねって話していたんです。

**山口**：『ウルトラQ』の怪獣もまだ作っていないものがたくさんありますから、そういったものと一緒に、後期の怪獣を入れられたら、もっと面白いものになるでしょうね。あとウルトラホークやマグマライザーも掲載されているものの倍以上作っているんですよ。

**小森**：ここは土井さんなんですよ。土井さんがいてくれて本当に良かった。僕は怪獣しか頭に無くて、ウルトラマンも超兵器も全部すっ飛んでましたから。

**土井**：メカがあると良いですよね。世界観も広がって。

**小森**：土井さんあっという間に作っちゃうんですよ。あの超兵器があったおかげでバリエーションも広がりました。

**山口**：そうですね。ウルトラホークとビートル、あとマグマライザーがあるおかげで色々な場面が作れました。

**小森**：画像は全部でどれくらい作ったんですか?

**山口**：400枚くらいいってると思います(笑)。

**小森陽一**
本書著者。今回の企画を実現するためにチームをまとめたリーダー的存在でもある。また、本書に収録されている怪獣ガレージキットの多くは彼によって製作されたものである。

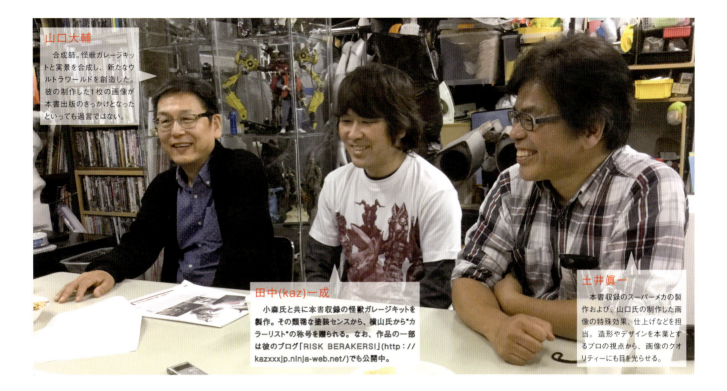

**山口大輔**
合成師。怪獣ガレージキットと実景を合成し、新たなウルトラワールドを創造した。彼の制作した1枚の画像が本書出版のきっかけとなったといっても過言ではない。

**田中(kaz)一成**
小森氏と共に本書収録の怪獣ガレージキットを製作。その類稀な塗装センスから、横山氏から"カラーリスト"の称号を贈られる。なお、作品の一部は彼のブログ「RISK BERAKERS!」(http://kazxxxjp.ninja-web.net/)でも公開中。

**土井眞一**
本書収録のスーパーメカの製作および、山口氏の制作した画像の特殊効果、仕上げなどを担当。造形やデザインを本業とするプロの視点から、画像のクオリティーにも目を光らせる。

多いときで1日5枚くらい送ってましたよね。

**小森**：もっとじゃないですか？ うちの嫁さんに言われましたもん。「夜中に携帯がバンバン鳴ってる」って（笑）。

**山口**：それでもOKになるのとそうでないのがあるので、OKになるまで作り続けるという（笑）。

**小森**：こういったやりとりをスムーズにするために後でLINEのグループを作ったんですが、それ以来誰かが書き込まなかった日はなかったですよね。「今これ作ってます」みたいな。なんかやりながら結束が強まっていった気がします。

**小森**：それで最後に土井さんが年をまたぎながら、すべての画像の修正を行なっていったわけですが苦労ってどんなところでした？

**土井**：修正は8月ぐらいからやり続けていましたけど、作業は画像1枚あたり普通で1時間、多いもので3時間かかりました。それを延々とやるわけです。映画のデジタルリマスターのように画像の粗い部分を修正していくんですが、あまりに大変なものは山口さんに連絡して作り直してもらってました。

**山口**：しょっちゅう怒られてましたね。

**土井**：でも山口さんの画像があってこそですからね。私はデザイン会社でアートディレクターをやっていた経験から、印刷のことも分かっていたので、実際に本にするときに不備の無いようにするのも大事な仕事でした。

**小森**：本当にみんなで特撮をやった感じですよね。それと最後にホビージャパンから怪獣の本を出すということでこだわりたかったのが、ヤマダマサミさんです。最近は本から離れられていましたが、ヤマダさんの本は昔から読んでいましたし、同じ「帝都怪獣倶楽部」のメンバーですから。

**kaz**：「帝都怪獣倶楽部」でも特撮作品に関する貴重な証言とかすごい量を書かれてました。

**小森**：ヤマダさんとは2016年の夏にお会いすることがあって、「書いてほしい」と直談判したんです。執筆を受けてくれたときはうれしかったですね。欠けていたピースが揃った思いでした。

## 第2弾に向けて

**小森**：まだまだ作りたいものが一杯ありますからね。山口さんは第2弾に向けてやりたいことは何ですか？

**山口**：背景のバリエーションを増やしたいですね。それと対決シーンを作るときに目線を合わせるのに苦労したので、素材を撮影する時点でそれ用の写真があると良いかなと。

**小森**：作りたい怪獣とかありますか？

**山口**：ドドンゴ、ペスター、ケムラー、あとはゼットンですね。

**小森**：僕は山口さんに超獣をぶつけたいですね。「なんじゃこりゃ！」ってやつを（笑）。

**小森**：kazさんはどうですか？ 第2弾に向けて。

**kaz**：今回入れられなかった怪獣。ドドンゴとかをぜひやりたいのと、超獣をもっとやってみたいですね。

**小森**：やりたいことはありますか？ 企画でも何でも。

**kaz**：映像にはなってないですけどシアンキングを出したいですね。この本に持ってきたらどんな風になるのか…。

**小森**：土井さんはどうですか？ というか土井さんにはディオラマを作ってもらうと面白そうなんですけど。

**土井**：それも含めて自分で全体の画面を作ってみたいですね。あえて昔の特撮の撮影現場を再現したものとか舞台裏が見えているのも良いですね。

**小森**：最後に自分がやりたいことですが、バルタン星人やベムラーにしても原型師によってアプローチが違うんですよね。そういったところも出せていけたらいいと思います。それと東宝系もぜひ！ あとはこれがちょっとしたきっかけになって、怪獣ガレージキットの裾野が広がって怪獣ファンや原型師への応援になればと思います。

1月19日福岡にて

※1 横山さん
横山宏。イラストレーター。立体造形も得意とし、代表作『Ma.k.』(マシーネンクリーガー)は国内のみならず、海外からも熱い注目を集めている。

※2 ビリケン
ビリケン商会。1976年に古おもちゃの専門店としてオープン。そのほかにも、ソフビキットの製造販売、出版、企画ギャラリーなどを手がける。特にガレージキット黎明期より数々のアイテムをリリースしてきたソフビキットは怪獣GKファンからの注目度が高い。

※3 トリビュート展
「横山宏トリビュート展 60+40=100」のこと。2016年6月に横山宏生誕60年を記念して開催された。立体造形作家はもちろん、イラストレーター、漫画家など、多彩なアーティストが参加した。

※4 メタリノーム
「ウルトラマン」の後番組として1967年に放映された東映制作による特撮ドラマ『キャプテンウルトラ』第14話「金属人間メタリノームあらわる!!」に登場した人造人間。

※5 シアンキング
平成ウルトラシリーズで多くの怪獣デザインを手がけた丸山浩デザインによるオリジナル怪獣。2011年に前田ヒロユキ氏が立体化し、同氏が主宰する「ハニーボーンズ」よりレジンキットが発売された。

# ULTRA
# MODELING WORLD

## STAFF

著者● 小森陽一

　　　田中(kaz)一成　カラーリスト
　　　土井眞一　造形・撮影＆VFXアドバイザー
　　　山口大輔　合成師
　　　ヤマダマサミ　ライター

## Special Thanks

　　　髙野 弥
　　　菊池洋太
　　　酒井和彦
　　　三好信司
　　　渕野加織
　　　ホビーショップ トムソーヤ

　　　横山 宏

編集● 舟戸康哲

アートディレクター／デザイン● 小林 歩（ADARTS）

監修● 円谷プロダクション

協力● ●アス工房　　　●アトラゴンGK　　●おまんたワールド
　　　●怪獣無法地帯　●株式会社海洋堂　●かなめみお
　　　●GORT　　　　●痛快娯楽劇場　　●ファルシオン
　　　●株式会社ボークス　●マーメイド　●吉野家徳兵衛

2017年2月18日 初版発行

編集人　木村 学
発行人　松下大介
発行所　株式会社ホビージャパン
〒151-0053　東京都渋谷区代々木2-15-8
TEL 03(5304)7601(編集)
TEL 03(5304)9112(営業)
印刷所　図書印刷株式会社

乱丁・落丁(本のページの順序の間違いや抜け落ち)は購入された店舗名を明記して当社パブリッシングサービス課までお送りください。
送料は当社負担でお取り替えいたします。但し、古書店で購入したものについてはお取り替えできません。

禁無断転載・複製

Ⓒ円谷プロ
Printed in Japan
ISBN978-4-7986-1383-3 C0076

### 「あとがき」のようなお礼の一文

見たこともないものを見てみたい。これは誰しもの自然な欲求だと思う。

今から一年ちょっと前、2015年12月にそれは突然訪れた。フェイスブックを通して知り合った人物から、僕が完成させたキットと風景とを合成した写真が送られてきた。それはどこかの街で暴れる、雲を突くように巨大なガボラだった。画ではない。かといって写真でもない。なのに、圧倒的にリアルな迫力がそこには満ち溢れていた。ガレージキットと実景の融合。これこそまさに現代の空想特撮世界だと思った。

この本は僕一人の力では決して成し得なかった。ガレージキットの天才カラーリスト、kazこと田中一成氏。めくるめく魔法の技を繰り出す合成担当の山口大輔氏。自身も凄腕のカラーリストであり、作品世界を最大限まで高めてくれた土井眞一氏。この本のすべての扉にコトバを与えてくれたヤマダマサミ氏。そして、バラバラだったピースを強力な磁場で一つ所に集めてくれた横山宏先生。この五人には足を向けて寝られない。また、この本の成立に向けて快く協力を頂いた皆さんには、この場を借りて心よりお礼をお伝えするとともに、この本の完成を祝いたい。

2017年1月13日　仕事場にて

小森 陽一